威科夫超短线交易秘诀

(德)理查德·D.威科夫 著
吕可嘉 译

地震出版社
Seismological Press

图书在版编目(CIP)数据

威科夫超短线交易秘诀 /（德）理查德·D. 威科夫著；吕可嘉译.
—北京：地震出版社，2021.7（2022.10 重印）
书名原文：My Secrets of Day Trading in Stocks
ISBN 978-7-5028-5211-5

Ⅰ.①威… Ⅱ.①理… ②吕… Ⅲ.①股票交易—基本知识 Ⅳ.①F830.91

中国版本图书馆 CIP 数据核字（2020）第 179208 号

地震版 XM5382/F（6076）

威科夫超短线交易秘诀

（德）理查德·D. 威科夫著　吕可嘉译

责任编辑： 范静泊
责任校对： 凌　樱

出版发行：地震出版社

　　　　　北京市海淀区民族大学南路 9 号　　　邮编：100081
　　　　　发行部：68423031　　68467991　　传真：68467991
　　　　　总编办：68462709　　68423029
　　　　　证券图书事业部：68426052
　　　　　http://seismologicalpress.com
　　　　　E-mail: zqbj68426052@163.com

经销：全国各地新华书店
印刷：北京市兴星伟业印刷有限公司

版（印）次：2021 年 7 月第一版　2022 年 10 月第二次印刷
开本：710×1000　1/16
字数：96 千字
印张：8.25
书号：ISBN 978-7-5028-5211-5
定价：38.00 元

版权所有　翻印必究

（图书出现印装问题，本社负责调换）

编者语

理查德·D．威科夫是一位活跃于20世纪早期的金融交易者和投资教育家，涉足的领域包括股票、商品期货以及债券，他对探究市场行为背后的原因情有独钟。他通过对同时期的成功交易者采访、研究，与他们深入沟通交流，总结并记录下一套自己的交易方法，不仅用来指导自己的交易，也将其传授给大众。威科夫与当时所有的成功交易者进行合作并对他们进行研究，这些成功的交易者包括杰西·利弗莫尔、E.H.哈里曼、詹姆斯·R.基恩、奥托·卡恩、J.P.摩根，以及那个年代许多其他的机构交易者。

威科夫将他在本书中所介绍的交易方法付诸实践，并在金融市场中取得了巨大的成功，使自己的账户资金增长到了一个相当可观的水平，他最终拥有了大量土地，并在纽约长岛有了一座自己的别墅，他的别墅就在通用汽车CEO阿尔费雷德·斯隆的旁边。

随着财富的日益增长，威科夫越发热衷于无私帮助公众提升投资经验，他将自己的关注点和热情转向了投资方法的教学、教育上，还发表了诸如《非法股票交易机构及其规避方法》等一系列专题文章，这些文章当时在纽约《星期六晚报》上进行连载，反响强烈。

目 录

第一章　基本介绍 …………………………………………………… 1
第二章　开启盘口解读之门 ………………………………………… 13
第三章　在股票列表中精选个股 …………………………………… 23
第四章　交易法则 …………………………………………………… 31
第五章　成交量及其意义 …………………………………………… 47
第六章　市场技术 …………………………………………………… 63
第七章　不活跃的市场及其蕴含的机会 …………………………… 73
第八章　将图表作为指示器 ………………………………………… 83
第九章　日内交易与长线交易 ……………………………………… 89
第十章　更多案例与建议 …………………………………………… 99
第十一章　需要克服的难题——潜在利润 ………………………… 105
第十二章　结束交易 ………………………………………………… 113
第十三章　两个交易日内的交易——盘口解读的实战案例 ……… 121
第十四章　适用于长线交易的法则 ………………………………… 123

第一章 基本介绍

对于大多数股票交易者而言，他们迫切地需要更多了解一些有关盘口解读的知识，或者说解读股票分时交易的知识。

成千上万在股市中打拼的人们如今意识到，市场在某个时刻的状态能够指示出它在下一时刻的状态，而且这种指示信号会被每分每秒的市场交易数据准确地记录下来，如此一来，那些能够正确解析每一分每一秒交易信息的人相对于普通大众而言，就有了一种类似于第六感的优势。

以上我所说的是一种受到广泛认同的观点。众所周知，当今有很多最成功的交易者都是盘口解读的一流高手，他们中的很多人往往以区区几百美元作为本金开始交易，并最终取得了巨大的成功。琼斯·马宁就是纽约证券交易所之中最精明也最成功的交易者之一。

我的一位朋友曾说过："我和琼斯曾经共同集资操作10手股票，当时琼斯和我一样都是普通的交易者，我们曾经在同一台报价机旁边走来走去。"这位记录下当时交易情景的陈述者目前的股票交易规模仍然在10手左右，然而此时琼斯的股票账户中的活跃交易资金已经达到了10万美元，他能取得如此骄人的成绩，很大程度上要归功于他在理解交易盘口中的秘密以及解读盘口语言方面的过人能力。为什么这些人就能在金融交易中闯出一片天地，而其他人在日内交易中连几千美元都赚不到呢？

　　在他们刚刚开始交易的时候，机会和投资本金对于所有人而言都是均等的，市场上的利润就在那里，等着有能力的人把它赚走。能否赚得利润取决于交易者的思维方式正确与否，正确的思维方式只属于一些成功的交易者。当然，任何事情都有运气的因素存在，金融交易也不例外，但是单纯的运气因素并不足以支撑一个交易者在长年累月的日内交易中存活下来。

　　声名卓著的交易者杰西·利弗莫尔往往全靠从盘口中解读出的信息进行交易，在每天交易时间结束之前，他会把所有的持仓头寸清仓卖出。他在独立的办公室中进行交易并且定期支付交易佣金，他每进行五笔交易就有三笔是盈利的。在赚得盘满钵满之后，他将所获得的盈利买成了债券，并把它交给了自己的妻子打理。因为事先预料到了1907年的金融大恐慌，利弗莫尔以自己价值13000美元的汽车作为抵押获得了5000美元的贷款，然后用这笔钱在市场上进行空头交易，并将所获的利润继续增大本金进行交易。在一次交易中他做空了70000股联邦太平洋公司的股票，在恐慌蔓延的那段时间里，他在其中一个交易日将所有的持仓头寸进行了平仓，而他最终获得的净利润达到了一百多万美元！

　　说到正确的思维方式，我们并不是单指承认亏损、判断趋势，或者其他的一些作为职业交易员所必备的素质，我所说的是所有这些素质的综合。举例来说，一名优秀的交易员必须具备在交易之前将自己调整到最佳精神状态，能够控制好恐惧、焦虑、欣喜若狂等情绪以及粗心大意，还应该培养一种服从市场的态度，这样才能真正解读盘口。这些专业素质如同本能一样重要，我们也可以称之为交易中的第六感。有些人天生就是音乐家，而有些人则貌似不具备

第一章 基本介绍

音乐方面的灵感，必须经过训练才能成为音乐大师。

雅各布·弗雷德也是一位盘口解读的绝顶高手。当他刚刚开始自己的华尔街投资生涯时，周围的人们称他为"杰克"，都对他的盘口解读能力、跟随趋势的能力称赞有加。他在这方面的才能似乎是与生俱来的，时间证明了他的才能，而他的经历也让这些天赋得到了强化。

詹姆斯·R.基恩是一位出色的操盘手和成功的职业经理人，同样，他作为一名盘口解读高手也光芒万丈。他对盘口观察得极其细致入微，看盘时专注而忘我的境界。他对价格、成交量及价格波动的研究可以说精确到常人无法想象。经过研究之后，他就会打电话到证券交易所核实买盘或卖盘的性质，再加上一些辅助信息，足以让他做出正确的投资决策并发起交易委托。

基恩作为一名盘口解读大师，他的盛名在过世时达到了顶峰。他每天在报价机前的表现证明了自己对盘口解读的结果是有效的，而且效果极为显著。

谈到这里，读者朋友们可能会说："这些只是个例，大多数普通交易者从来不曾通过研读市场上每分钟的交易状况而在日内交易中获利。"这样说的确也是对的，大多数普通交易者不管是股票交易、经营生意还是个人爱好都不容易成功，成功的日内交易往往来源于刻苦卓绝的努力和极度的专注。

要想成为盘口解读的行家里手，需要在分时交易图上倾注所有的时间和精力，不能分心再去经营其他生意或者做其他事。古谚云"心无二用"，分时交易图就像一个专制的君主，需要占据你所有的精力和时间。如果一个人不经常关注股票报价机，或者吃完午餐后跑到经纪人的办公室中闲聊，或者只是从晚报上看一下市场收盘时的情况，那么绝不可能成为盘口解读的高手，也不可能仅凭借打电话得到的信息就能掌握这门艺术。要想在盘口解读上有所造诣，必须要每周花27个小时甚至更多时间研究股价变化，除此之外还要花费很多时间来研究自己在交易中所犯的错误，探究出现亏损的原因。

如果盘口解读是一门精确的科学，我们只需按其中影响市场走势的各种因素来进行计算，按照计算结果的指示进行交易就可以了。但影响市场走势的因素繁多，性质各异，对市场造成的影响效果也五花八门，所以想构建出一种解读盘口的通用基本模型根本不太可能。但是在本书的研究中，我们会构建出这种计算模型的一个大体框架，之所以这样说，是因为我将在此书中以一种开放的心态公布很多普通交易者不曾掌握的秘密、交易策略和技巧。

什么是盘口解读

要给出这个问题的最佳答案，首先就要搞清楚什么不是盘口解读。

盘口解读不是仅通过观察每笔交易来判断股票价格目前的运行情况。

盘口解读不是阅读关于股票的消息并且在股票"走势表现良好"的时候买入或卖出。

它不是依靠小技巧、某种观点或信息进行交易。

它不是因为"股票看上去表现得很强势"而买入，也不是因为"股票看上去表现较弱势"而卖出。

它不是通过量价图表发出的信号或其他任何机械的交易方法来进行交易。

第一章 基本介绍

它不是在股价处于底部时买入，处于顶部时卖出。

它也不是那些（数百万计）不懂交易方法、计划与策略的人们所做出的诸多错误行为中的任何一种。

通过我们的经验来看，盘口解读似乎是一种通过价格的即时趋势进行判断的精确技术；是一种通过当下这一刻的分笔成交数据判断出下一刻短期趋势的一种有效方法。盘口解读能力是一种电光石火之间的感觉，而盘口解读的目的在于分析股票是在被买进还是被卖出，股价当前是被抬高还是被压低，或者说目前已经被大型投资者忽略掉了。

盘口解读者的目的是通过每一笔连续的成交数据做出一种逻辑推理，通过市场万花筒每次的移动把握住股市的最新情况——把握这种最新情况的速度要如闪电一般迅速；通过权衡与思考得出可执行的结论，冷静、准确地将其付诸执行。对个股而言，盘口解读意味着预估个股暂时性的供给与需求；对大盘而言，它意味着比较市场背后的各种力量，权衡这些力量彼此之间的关系以及它们与大盘的关系。

一名日内交易者如同一名连锁商店的经理，他的办公室里放着各个分店提交的销售情况报告，他会关注生意的整体发展趋势——店铺整体需求是强还是弱，会特别关注那些需求极为强烈或需求极为微弱的商品。

当他发现难以填补某个销售部门的缺口或某类商品的货架时，就会相应地提高售价引导消费者；而当某种商品滞销时，因这种商品的市场需求比较小，他就会通过降低售价来刺激消费者购买。

在证券交易所里日复一日操作的场内交易商正如商店里或某个卖场中的商家——他能够比其他任何人都更快地看清这类商品的需

求，但他没办法将其与商店里其他销售部门中有极强或极弱需求的商品进行对比。

他可能正在长线持有联合太平洋公司的股票，而这只股票正处于强烈的上涨趋势中，当另一只股票突然下跌，而这种下跌会对联合太平洋公司股票的上涨形成打压的时候，就会促使他比别人更快地卖出所持有的联合太平洋股票。另一方面，盘口解读者拥有鸟瞰全局的广阔视角，一旦市场出现了有机可乘的严重漏洞，他立即就能感知到即将发生的变化，经过思考、权衡后会立即采取行动。

盘口解读者的另一个优势在于：盘口成交数据会比报纸上的新闻早若干分钟、若干小时，甚至早上几天，这些新闻在被人传得沸沸扬扬前就在盘口数据上有所体现。无论任何事——不管是国外的战争还是股票分红的消息，不管是最高法院的决定还是象鼻虫的泛滥成灾，都会在盘口数据信息中体现出来。

那些知道某只股票的分红将从6%上涨到10%的内幕交易者在买入股票的时候会在交易数据上留下某些痕迹；而投资者在市场上抛售100股股票的时候也会对股票的市场价格产生某些轻微的影响。

市场如同一枚缓慢转动的齿轮，它会向前运动还是停滞不前，或向相反的方向运动完全取决于连接这枚齿轮的轮轴与踏板。即便是连接齿轮的装置突然坏掉了，也不会对这枚齿轮的运动过程产生影响，齿轮仍然会在目前对其产生作用的这股动力的作用下保持一段时间的惯性运动，直到它停止或在其他力量的作用下出现继续或者反向运动。

市场操纵虽然存在，但任何交易者都不必因此而丧失信心。那些操纵者都是大型的交易者，资金量异常巨大。当他们狼吞虎咽地吞噬吸纳市场上的股票时，如果你专门训练过你的耳朵，你就能听

第一章 基本介绍

到他们吞噬时所发出的规律性的"咯吱咯吱"的声响，而且他们的牙印会留在盘口成交数据信息中股价波动和成交数量上。很少有交易者能够随意地识别利润所在的方向，但是当这些大型投资者未能瞬间席卷全部的利润时就应该格外注意机会了。盘口解读者相对于长线投资者而言有很多优势，通常不会进行远离海岸的冒险远航，永远在股票收盘之前进行交易，所以不会将自己置身于巨大的亏损风险之中。他可以随时改变自己的多空立场，跟随最新出现的趋势进行交易，所以任何大的股灾和"黑天鹅"事件都不足以对他形成严重的打击。不管他所持的观点是看多还是看空，只要他的观点得到了确认和强化，就会顺着已经获利的那个方向继续加仓操作。

真正的日内交易者并不喜欢留存股票持仓过夜，因为在非交易时间里股票交易数据记录带是静止的，而只有这些记录带能告诉他必要的信息时他才知道应该做什么。收盘后可能会发生一些足以让第二天的交易图表产生严重扭曲的事件，这样一来他就无机可乘，因此他更喜欢在市场交易停止的时候保持空仓。按这种操作方法，就可以避免杠杆交易所需支付的利息，这样一来就能将相当可观的一笔手续费节省下来。

盘口解读者在某种程度上就如同一个卖水果的小贩，每天早晨，他都会准备好最好的也最具时令性的水果，因为这样的水果才具有最广阔的市场需求。他以最快的速度用他的现金或积蓄购买货物，在售卖时赚取高于成本50%~100%的利润。就像留着库存的水果过夜会使水果腐败一样，留着股票持仓过夜就会使交易者必须为此支付利息费用。

成功的水果商贩都知道应该进什么货、什么时候进货，也知道应该何时将货物卖出、如何卖出。但是在某些灾难性的日子里他无法将货物顺利出售，或许是因为没有买家，或许是因为他被穿着蓝色制服的城市管理者所拘捕或罚款了，或许是因为他的货物被某个莽撞的人不小心弄破了。所有这些不可预见的事件总体来说都是交易和生活的一部分。

华尔街总是会很乐于把这些情形与交易者所能产生的各种情绪联系在一起。交易者总想用100美元的投资来赚取200美元的利润，当股票走势按照他所预期的方向运行时，他所承担的风险就有所减轻，但更多时候他会发现自己的投资如同石沉大海，所买的股票一直在亏损；抑或是市场行情十分动荡，以至于他在交易上不知所措，或在死气沉沉的市场中被套牢；最终他承受了巨大亏损，等到机会来临时已经被迫远离了股票交易市场。交易者所持仓股票的走势时常会在一些不可预见因素的冲击下恶化，资金也可能由于过度交易和判断力的贫乏而大幅缩水。水果商贩不会指望以3美元的成本购入一箱苹果而在同一天就以300美元的价格卖出，他所希望的不过是每天能有3美元的盈利。成熟的交易者每次交易时所希望获得的是小额但确定的盈利，这样一星期或一个月下来的累积的盈利就足以弥补他在时间和劳力方面的花费。

这就是盘口解读者客观的目标——取得平均的利润。通过一个月的操作，他也许会赚到4000美元，然后亏损3000美元，最终获得1000美元的净利润作为其工作的回报。如果他能够持续这种平均的获利水平，以100股作为交易量持续交易一年，就能获得十分可观的利润；如果将交易量扩大到200股、300股或者500股，那最终的利润将异常惊人。

总资金量以及交易规模是盘口解读的第二个关键点：你是否能在任何市场中自由地买进/卖出并在除去亏损和佣金后保持总体盈

第一章 基本介绍

利？如果可以的话，那就说明你已经熟练地掌握了盘口解读这门艺术。如果你每天交易之后的平均亏损被控制在一个很低的水平，或者有时出现盈利，那么你就离成为盘口解读高手只有一步之遥。真正的盘口解读者往往都厌恶信息，喜欢追随确定且经过经年累月彻底验证过的交易计划，这种计划对他而言就像本能和天性一样。他的思维方式使他养成了一种程序化的操作习惯，并能用这种习惯来指导自己在市场上的投资冒险。丰富的实践会让盘口解读者熟练地预测出市场上发生的事件，而他的直觉同时也会被逻辑推理和分析所强化。

说到这里，我们也就发现了盘口解读者与纯粹的投机者之间的区别：后者只想"不需要理由地"试图抓住一两个点的利润——他不会考虑这些利润是怎么来的，只要能够赚到钱就行了；纯粹的投机者交易的依据可能是一条新闻、对市场走势的粗略观察、一种猜测、道听途说的传闻、他人的议论，或者是从他的朋友及朋友的朋友那里听来的什么消息。

盘口解读者会将自己置身于一种"交易机器"中，这种"交易机器"会注意到市场中的各种情况，并逐一仔细权衡后，通过一系列程序而做出决策，并且给出交易指令。他在执行交易时全然不会受到冲动、紧张、一厢情愿的期望或者恐惧情绪的干扰，这样一来交易时就不会陷入兴高采烈或者悲伤失望这些病态情绪中，在交易前、交易中以及交易后，始终保持着一如既往的平静。

投机者就像一辆没有刹车的汽车，每当路面有一点不平坦都会颠簸晃动，车窗咯咯作响，发动机像快要散架一样，仿佛随时会陷入一场交通事故中。

而盘口解读者就像一辆安全行驶的火车，在交易数据记录的铁轨上安全而平稳地行驶着，依靠市场(火车头)指引方向，调节速度，不会被其他不相关的事物所影响。

通过上述对比，我们已经大体上交代清楚了一个标准的盘口解读者是什么做派，接下来让我们来看一看成为一名标准的盘口解读者所需素质。

第一，要成为一名合格的盘口解读者，必须具备彻底的独立性和自我决策能力。一个依赖性很强的人往往总是需要依靠别人的建议或传言做出判断，因而会被很多种外部因素所干扰，他的决策力在关键时刻会完全失灵，因为他平时没能训练好自己的"决策肌群"——由于缺乏锻炼，它们已经变得极度虚弱；而一个专业的日内交易商一定会有理有据地说："这些事实摆在我眼前，我对这些情况的判断是……所以我做出……行为。"

第二，必须熟悉市场机器的运转机制，任何会影响股价的微小事件都应被给予相应的权重。一名合格的盘口解读者应当了解的知识包括：他所交易股票的历史盈利情况，他交易股票所代表的公司财务情况；大型机构交易者建仓购入股票以及出货派发股票的方法；市场的不同类型(牛市、熊市、震荡时期、趋势形成时期，等等)。他应该有能力判断消息和流言的影响力；应该知道买什么股票、什么时候买，分辨得清市场背后暗藏的各股力量；知道何时应该止损卖出(不带恐惧和失望情绪)，何时应该获利了结(不骄傲、不欣喜若狂)。

一名合格的盘口解读者需要学习各种走势形态，能够分辨出大盘以及个股目前所在的位置；必须知道股票内在价值的强弱情况及股价波动的基础和内在逻辑；他要识别出市场的拐点；仿佛能看见证券交易市场中发生的任何事，一切了然于胸。

第一章 基本介绍

他必须有足够强大的心理承受力，以便在发生一连串亏损后依然承受得住；要有在不利的情况下继续工作和交易的坚定信念；要有足够的自制力以避免过度交易；要有温和而冷静的性格使自己随时随地都处于一种平衡的状态中。

经纪人的办公室里经常会有各种风言风语以及其他干扰，为了让自己不受这些干扰并保持绝对的专注，应该把自己与这些干扰隔绝开来。你需要有一件小的办公室，里边需要有一台股票报价机、一张桌子、一部能连接到股票经纪人办公室的私人电话，这些设备都是必需的。股票投资这项工作需要这些所有外部条件和内在心理的微妙平衡，因为任何一点小的影响都会让交易者的投资战绩造成影响。你也许会说："没有什么能影响到我"，但是往往事与愿违，一些外部干扰的确能够让你受到影响，比如当你听说有人在你想要买入股票的价位上做空的时候你就会想："也许他是对的"，这样一来就会对你产生负面影响，如同在你的决策上蒙上了一层乌云，正当你犹豫的时候，机会往往已经消失得无影无踪。不管接下来的市场走势将会如何运行，你都失去了一次交易机会，而且你的思维就像丢了齿轮的机器一样，失去了正常运转的功能。

正因如此，冷静和专注这两种素质需要深深地根植于日内交易商体内。到处充斥的各种消息到底对股市有没有作用是个值得探讨的话题。对这个问题我们的研究结论是：仅仅是"消息"，所记录的是已经发生了的事，不多也不少，同时也说明了那些或多或少已经被市场所感知到的既成事实的形成原因。从另一方面来说，股票价格信息记录带也显示了目前市场的特征。要想获得利润必须通过盘口解读来预期市场接下来要发生的情况，而不是等到事情真的发生了之后才亦步亦趋地随大流。

新闻对股市的影响作用一直都是众说纷纭。大盘和个股在面临重大新闻时会有怎样的技术性强弱表现已经有了很多讨论。在我们看来，新闻对股市的影响就像一个人被允许进入了私人会所，尽管可以低声沉吟窃窃私语，其影响力也十分有限。

我希望提供一种具有很强实用性的交易方法，能让普通交易者在日常交易中使用，也能让那些对盘口解读艺术已经十分在行的交易者得到帮助，提升价值，这就是本书出版的目的。我们考虑到了盘口解读中所有至关重要的市场要素，也考虑到了专家们的操盘方式，所有这些都将通过股票价格信息记录带的重现来进行说明。我们将竭尽全力地为目前靠碰运气来进行交易的投资者提供一些确定、规范、有价值的操作技巧。

第二章　开启盘口解读之门

当我们开启任何一门新的生意或者一个新的企业时，要考虑的第一件事就是它需要多少的启动资金。

"纸上谈兵"地学习盘口解读是一回事，而开始实践并且实地掌握盘口解读这门艺术则是另外一回事。几乎所有人都能在虚拟交易中获利，因为虚拟交易没有任何风险可言，在进行虚拟交易时人们的头脑中并没有进行真实交易时的那种紧张感和恐惧感，也不需要进行复杂的理解和分析，此时人们的耐心也是无限的。

然而在真实的交易之中这一切都将改变，哪怕只是一笔很小额的交易。在进行真实交易时，交易者的想法一旦受挫，他往往就会终止交易以获得精神上的解脱。这是一种缺乏市场经验的表现，新手都无法摆脱这种情况。正确的方法是像对待生意一样对待股票投资：信心十足地开始股票投资，在获得最终的胜利之前一直要遵守相应的规则。

在学习、吸收了所有你能获得的关于盘口解读的知识之后，最好是以十手的交易量开始进行交易，以便获得有益的交易经验。这样做也许并不适合那些对赌博情有独钟的人，以及那些将以10手交易量开始进行的交易看作胆怯之举或九牛一毛的人。股市中那些拥有1万美金的待宰羔羊往往想一开始交易就购买500至1000股的股票，因为他想要站在更高的起点，这样一来他以50手作为交易单位只是一个时间问题——因为他会在大规模交易中赔掉大部分的资金，只剩下买入50手股票的资金。在我看来，最好是以50手的交易单位起步，循序渐进地进行操作，如果你的操作是成功的，你会有很多机会增加交易的规模；相反，如果你没有在交易中获得成功，就意味着你应该缩减交易规模。我们通过市场观察的经验已经发现，证券交易所中100股及以下交易单位的小额交易非常活跃，足以让人获利，所以那些想以大资金开始交易、对利润怀有贪婪之心、只想快速获利的新手没有理由不以较小的交易单位开始交易。不妨设想一个刚开始学走路的婴儿如果与短跑选手同台竞技，将有多少胜算？我们在从前的章节中曾经提到过，盘口解读的成功与否是以交易成功后的获利点数减去交易失利后的亏损点数之后的净获利点数来衡量的。

因此，实盘实践中，我们也许会以10股为单位来进行交易——只要你的经纪人能够接受这么小的交易量，而且这个交易单位不会导致粗糙的交易执行。50股确实已经是可以考虑的最小交易单位，我们在此讨论交易量的目的旨在提醒广大读者在学习盘口解读的时候，最好牢牢记住衡量交易成功与否的标准是点数，而不是资金量。只要你盈利的点数超过了亏损的点数，利润自然就会快速增长并积累。专业的台球玩家往往会在打球时下注，他们的目标是使对手失掉所有的点数。在交易几个月后，你应该不再想你亏了或赚了多少钱，而要考虑盈亏多少个点数，这样你的水平才能提高，才能学到东西。考虑到交易中的亏损额度是个随机的数字，而且可能会比较大，所以我们说刚开始的时候每50股用5000美元的资金来交易是比较妥当的，这样的资金安排允许发生一定额度的净亏损，也让你在

第二章　开启盘口解读之门

发生亏损后仍然有资金来进行交易。有些人会以少量资金作为立足点，而另一些人在成功获利之前可能已经投入了几倍于5000美元的资金量，也有一些人会拿自己的所有资产来进行交易，不管他的资产数额是多是少，最终却没有产生任何效应，或者说没有看到任何一丝曙光。

纵观做生意失败的理由不外乎这两条：缺乏必要的资金以及缺乏自信心。在华尔街，与缺乏必要的资金对应的一个症状是过度交易。正如那句老话所说：过度交易就是财务方面的自杀。这句话的意思是，如果股票交易的额度过于庞大，而交易者又发生亏损的话，往往无法通过减小交易规模来应对其资金量的缩减量。

为了把观点说清楚一些，我们在此举个例子：一个人开始以1000美元的资金交易50股的股票，经受一系列的亏损之后他只剩下了500美元，这就是在交易50股时亏损了50个点。然而在此之后这个人会减小交易量吗？不，他往往会以这500美元做最后一搏，力图能够弥补上本金的损失，这样做的后果往往是损失100个点，将剩下的500美元损耗殆尽。

在被市场淘汰掉之后，他告诉他的朋友说：如果我拥有足够的资金就一定能赚到钱。

能力上的不足往往是所有导致投资失利的首位原因。而极度的无知是所有股市上待宰羔羊和朝赚夕赔的投机者们最主要的特征。

有很多人年复一年地待在华尔街上，除了抱有对各种传闻的一腔热忱之外根本一无所获。如果询问他们一些方法、策略、交易计划方面的事，他们无法回答。这样的人留在华尔街无非是出于以下原因：他们有可能是在交易中十分幸运，也可能有来自场外的某些资源能够补充他们的资金。在做生意失败的案例中，因缺乏必要资金和能力不足而导致的失败大概占到60%；而股市上与缺乏必要资金相对应的情况——过度交易，加上迄今为止有据可循的股灾，这两个原因导致的股市投资亏损占了所有亏损情况的90%。成功只属于那些真正愿意为股市投资事业付出努力的人，而并非只是期待成功喜悦的投机分子，而问题在于如何以花在时间和金钱方面最小的代价来验证你是否适合这项事业。

简而言之，以下是决定这一问题的关键点：

你是否具备关于市场的技术知识，明白驱动市场的力量所在？

当你试图在日内交易中证明自己的能力时，你有没有能力承受1000美元或更多的亏损？

你能不能把你所有的时间和精力都倾注在这门需要科学学习和谨慎实践的技术上？

你是否有稳定的生活支出来源，而不是需要依靠未来可能发生的盈利而生活，即便未来真的是发生亏损也不至于使自己身陷窘境。

我并不是在委婉地劝说人们不要进行股市投资，也不是在为那些正在想办法赚快钱的人提供鼓励。盘口解读是一项复杂的工作，并不适合那些精神懈怠或懒惰的人，同样也不适合那些需要为面包和黄油从哪里来而发愁的人。为金钱而发愁对保持清醒的判断力没有一点好处，因为过度的焦虑对交易者心理平衡的破坏作用是巨大的。所以说，如果你不能保证对股票投资有必要的时间和资金，或是不具备刚才提到的其他必要素质，那就根本不要开始。

一旦决定要开始股票投资，交易者们都会问自己这样一个问题："我应该从哪里开始自己的交易呢？"

对交易者而言，股票经纪人的选择是一个重要的问题，你会发现有的经纪人能够在经纪业务上提供完备的服务，他密切地关注客

第二章 开启盘口解读之门

户的指令，能够快速地竞价、询价以及处理其他技术性问题，比如买方需要的股票数量以及各个价位上的需求数量。

最理想的股票经纪人手头没有过多的业务，所以能随时告诉他的客户们这只股票的持有者都在做什么、这只股票代表的公司有什么动向，这非常重要，因为知道一只股票和整个市场的情况与投资盈亏息息相关。而那些在业务上没有过多负担的经纪人能够提供这些服务，同时也能在交易指令的执行方面倾注其所有的时间和精力。

让我举个实际的例子来说明这个问题。

你买入了100股联邦公司的股票，在低于当前市场价一点点的位置设置了止损单，之后市场上发生了一轮重大的抛售，有人在你的止损价位卖出了100股，我们假设这个价位是164美元，你的那位细心而不是太忙的经纪人此时正站在人群之中，他此时看到这种股票又有几千股的买盘在164美元这个价位出现，但此时这个价位上的卖盘却微乎其微，你的股票经纪人发现这种情况后并没有卖出股票，而是继续等待，看看市场是否会出现反弹。随后市场真的发生了反弹，而你也得到了解脱。对交易指令的这一番操作将会让你在每次的交易中获利50美元、100美元，甚至几百美元，这就是选对了经纪人所带来的优势。对市场的认知有足够的深度——知道有多少股票正在被出售、出售的价格是多少、当前买盘价位所处的位置、市场询价的情况，这对盘口解读者具有极其重大的意义。

那些拥有大型机构客户、需要处理频繁交易指令的经纪公司几乎是不可能做到这些的，这种经纪公司里的止盈止损指令以及其他指令都不是根据市场当前的状况做出的，必须经过交易所有关专家的认可才行，而且来自业务方面的压力也使他们难以对某单一客户投入过多的精力。

17

| 威科夫超短线交易秘诀

而在一家小型的经纪公司中，正如同我们之前所说，盘口解读者不容易受到纷纷扰扰的其他交易者的干扰，也不容易被他们那众说纷纭、肆意喧嚣的观点所蛊惑。换句话说，他只需关注他自己，专心致志地关注自己手头的工作就够了。经纪人工作的场所离交易所的距离不能太远，有的股票经纪人在接到你的交易指令后，再去股票交易所执行指令需要走上一段路，这期间的每一步都意味着耽搁，流失的那几秒钟可能就意味着在市场上蒙受损失或丧失机会。

如果你是在一间远离证券交易所中下单办公桌的私人工作室中进行交易，你就需要一部能够连线到下单人员的电话，从工作室慢悠悠地走到交易所去下单的方式在盘口解读之中太不适宜了，你必须要依据当下的市场行情来下达交易指令——我是根据长时间的经验和观察做出这一论断的，同时我也相信自己能够证明这一论断的有效性。

股价记录单上的价格是略滞后于市场的，从你下单到经纪人真正能够执行交易需要30秒的时间，这30秒也意味着你的决策是根据半分钟之前的市场价格而做出的，而且如果你想买入股票的话，就必须以这只股票在1分钟之后的价格买入。从你做出决定到交易执行完成这段时间，股价可能发生这样的变动：从164美元到164.25美元、164.125美元、164.25美元、164.5美元、164.5美元、164.375美元、164.25美元、164.125美元、164.25美元，最后再到164美元，你那100股可能是最后才成交的。当你拿到成交报告的时候，你并不能保证正好是在164美元的价位成交的，也许是在这个价位之前或之后的164.5美元成交的，即便你是在164美元的价位下达的交易指令，也有可能是在164.5美元的价位买入的。当然，相反的情况也经常会发生——股价按照你希望的方向运行。事实上，平均指数以长期的

第二章 开启盘口解读之门

视角来看是上升的，所以说那些总是空仓的交易者是在浪费自己手中的机会。

无数的交易者在太平洋联合公司的股价运行到164美元时盯上了这只股票，他们往往会说："帮我在164美元买入100股。"他那不是太忙的经纪人此时挤入人群之中，发现这只股票目前的股价是164.25美元，接着回到办公室中向客户汇报："太平洋联合公司的股价比你想买入的价位多了0.25美元。"而交易者却对他的经纪人没有什么信任感，他往往会认为这意味着他的经纪人、场内交易员以及交易所内部人员是在联合起来骗他，让他为这100股每股多付出0.25美元，所以他会这样回答："一定要在164美元的价位买入。如果在这个价位买不到的话，我就不买了。"这是多么愚蠢的行为！但是这确实是大众的典型思维方式。他总是会给出很充分的理由证明这只股票应该在164美元的价位上买入。如果股价上涨到了164.25美元或者164.5美元，难道这些理由就都失效了吗？难道股票价格贵了那么一点点，可能赚到的利润就被一伙强盗抢跑了、整个计划就失效了吗？如果你相信一只处于上升趋势中的股票在164美元的价位是便宜的，那它在164.25美元的价位仍然是便宜的。我能给出的最好的一条建议就是：如果你不能信任你的经纪人，就换一个。如果你认为供需法则会发生改变，使你能够省下那25美元，那你最好重新组织一下自己的思路。如果你是在证券交易所里参与场内交易，你有可能在股价达到164美元时买到这只股票，——虽然这样也不能保证有十足的把握能买到，但你与市场之间的时间差缩小了60秒，几率大大提升，而且可以省下一大笔交易佣金。

因此，如果你有二十七八万美元的闲置资金，不妨在证券交易所里买个交易席位。一位名副其实的盘口解读者，应该是在去掉佣金和交易税后仍然有盈利的。如果你不开始进行交易训练，就永远不会有成功的一天。

很多人习惯于下达有限价的交易指令，但这种做法所流失的钱比省下的钱还要多。我建议交易者们去交易那些市值较大、股价波动比较活跃的股票，这样的股票卖价与买价之间往往会有大概0.125美元的差额，在卖出股票的时候更是这样，许多愚昧的人往往会提高卖价，因为他们想在一个他们即将离开的市场中通过下达限价交易来节省那每股0.125美元的成本。而对于盘口解读者而言，他开启交易或终止交易时必须在心理上有一种认知，那就是他的交易指令必须是依托于当下的市场情况，犹豫不决只会让他失去在盘口上得出的线索，并且失掉泰然自若的心理状态，在精神层面受到极大的干扰。

在大规模的买入或卖出中，很明显我们必须要使用限价交易指令。当然，在别的一些场合中限价交易指令也是具备优势的，但是因为盘口解读者是需要追随趋势的，所以就面临着跟进或离开的抉择，在机会合适的时候你应该不惜代价地跟进。

如何选择股票是另一个重要的话题，在你开始进行交易之前就必须选好交易目标。现在来看看我们的分析会得出什么结论。

如果你正在交易100股的股票，那么你所交易的股票必须每股上涨1美元你才能赚到100美元，然而哪一类的股票最有可能上涨1美元呢？答案就是价格较高的股票。纵观股市价格记录，我们发现售价在150美元左右的股票平均每天会有2.5美元的波动，售价在50美元左右的股票平均每天会有1美元的波动，换句话说，如果交易高价股的话，你会有2.5倍的机会赢得与低价股相同的利润。佣金和税收支出是同等的，而在获得同等利润的情况下，交易低价股的佣金和

第二章　开启盘口解读之门

所得税支出是高价股的将近3倍，这对每天都进行交易的盘口解读者而言是个不得不考虑的问题。

在一年或股市里的一个周期之内，高价股价格波动的点数也比低价股要多很多。像北方宏业这样的股票，虽然在交易时会有很大的波动幅度，但即使当其价格涨到300美元以上时也不是一个理想中的交易目标，因为此时买入价格和卖出价格之间的价差太大，使交易者无法在这种股票上进行快速买入和卖出的日内交易。在日内交易中应该找出具备这些特征的股票作为交易标的：那些供给量非常大的龙头股、广受大众青睐的股票、在大型交易所进行交易并且股价波动幅度很大的股票、股价趋势非常明确的股票（不能太反复无常），这类股票往往受到大大小小场内交易商的广泛欢迎。盘口解读者最好每次只交易一只或两只股票，不要交易太多，因为盘口解读式交易要求交易者的精力高度集中，绝对不能分神。

每只股票往往有着其自身的性格特点，就像人类或者动物的直觉一样，我们可以将其称之为股性。交易者可以通过认真研究分析从而快速地掌握这只股票的股性，并且预计出这只股票在特定环境中的走势。股票的表现可能是稳健的、敏感的、独立的、与大势相符合的或是积极的；它可能主宰整个股市的走势，也可能跟在其他股票后边亦步亦趋；它可能表现得反复无常，也可能让人倍感吃惊。如果你想熟悉一只股票，就必须认真地研究其股性。而研究意味着专心致志，习惯于同时交易多种股票的人是无法做到专心研究一只股票的。

当下流行的交易方法往往是这样的（换句话说，就是不成功的交易方法）："我觉得股市马上就要步入熊市，因为美国冶金、美国铜业、圣保罗这几只权重股在最近几个交易日内创出了最大涨幅，所以市场很有可能出现一波大幅度的回调,请把我所持有的股票每一种都卖出100股。"凭借个人的猜想选出一两只股票并根据它们的走势做出判断,而不是进行缜密的分析推理,这就是大多数散户交易者亏损的原因。如果一个交易者此时想要卖出300股的股票,那么就应该卖出他最熟悉,也最有把握的那一只。

除非交易者做的是长线投资,不然一定会因为同时交易多只股票而错失机会。这种做法就如同在猪群中抓猪——正盯着这一只,却放跑了那一只。最好的方法是集中精力关注一两只股票并把它们都研究透彻。你会发现适用于某只股票的一些规律不一定适用于另一只,必须依据每一只股票的股性单独进行分析判断。不同的股价波动幅度、成交量、浮动供给的数量、公司盈利情况、大型交易机构的操纵以及其他诸多因素都会对个股的走势产生综合性的影响。

第三章　在股票列表中精选个股

在上一章中我们提到太平洋联合公司这只股票是高频率交易的最佳交易标的之一。

我的一位朋友曾经绘制过一张记录了主要的活跃股票的图，为的是确认哪些股票的日内波动与整体大盘的走势最吻合。他发现太平洋联合公司这只股票可以说是市场的主心骨，或者说是龙头股，因为其他的股票，诸如里德铁路等，其股价经常表现出或上或下的独立走势，或多或少都会偏离市场的整体走势。在所观察的所有股票中，没有一只股票如同太平洋联合公司这样表现出始终如一的稳定性以及作为交易目标的适宜性。但是对于盘口解读者而言，即便是只想交易一只股票，也不能对其他股票的情况不闻不问。

我们往往可以从其他股票的情况中寻找到交易机会。为了证明这一点，我们一起来看一下1907年大熊市之初的情况：太平洋联合公司的股票是市场的领涨股，从150美元上涨到了167.625美元。在这一波涨势终结前的三到四个交易日之前，里德铁路、圣保罗、美国铜业、美国钢铁、美国冶金这几只股票出现了很重的抛压，这在很大程度上冲减了太平洋联合公司股价的上涨强度。这很明显地形成了市场的一个拐点，如同白昼那么明显。因为已经发现了太平洋联合公司的股价出现跌势，而整个市场大势也会紧随其后发生下跌，所以交易者此时需要做的仅仅是做空里德铁路的股票然后静待下跌的来临，或者是在止损指令的保护下做空太平洋联合公司的股票。当其他股票的下跌走势完成之后，太平洋联合公司的股价出现滞涨，买单被撤回，"大选前夕的下跌"开始了。接下来太平洋联合公司的股价下跌了大约20个点，这个下跌幅度与其他权重股的跌幅不分伯仲。

而那些仅仅盯着太平洋联合公司股价的操作者可能会对这种情况大感不解；但是如果他观察了整个市场的情况，就不难理解接下来发生的一切。如果交易者知道了出货走势发生时的价位，自然就会时刻警觉地准备迎接即将来临的建仓走势，或者说至少是一波支撑性反弹。一个交易者如果是观察这种走势的专家，那么他就很容易在接下来的反弹中快速盈利。

某些特定的股票在股票市场中起到了主心骨或者说龙头股的作用，这些重要的成员只是整个市场主体的一部分，就像人的身体中的一部分一样。假设太平洋联合公司的股票正处于强势上涨中，突然纽约中央公司的股票出现弱势走势，而统一天然气的股价也发生了下跌，美国冰业的股价出现了令人厌恶的下滑，南方铁路和西部伟业的股价也出现了相同的态势，这些情况可能与龙头股并没有直接的关系，但龙头股的强度反而会受到其他股票疲软走势的影响。举例来说，布鲁克林快运公司由于受到了政治上的冲击，或者仅仅是受到了地方范围内的影响，其股票发生了比较剧烈的下跌，这并不会对其他大型运输公司或货运中转站的业务产生影响，然而圣保罗、太平洋联合公司以及里德铁路公司的股价往往都会出现与布鲁克林快运公司股价差不多的跌幅。

第三章　在股票列表中精选个股

一个人的拇指如果受到了严重的碾压，虽然这种伤害没有伤到身体的其他部分，但也有可能因为神经系统产生的疼痛感而昏厥。有一句久经时间考验的谚语是这样说的："锁链的强度取决于其最薄弱的那个环节的强度，即便是断成了两截，每一截的强度也取决于其各自最薄弱环节的强度。"但这句话在股票交易市场中也许并不适用。股票交易市场不可能"断成两截"，即使遭受了非常严重的冲击也不会真的步入毁灭。如果金融市场真的发生了什么重大的灾难，比如说利率上升、投资需求缩减、公众的投资信心受到动摇、上市公司的盈利衰减，或是其他的重大利空因素发生，交易市场可能会在其影响下受到重挫，但这种影响终归是有限的，即便是在恐慌行情之中，市场中的买方力量到一定的时候就会逐渐走强并支撑起一波反弹，或者形成长期的趋势逆转。

盘口解读者必须致力于在一个广阔的市场中操作那些股价震荡幅度较大的股票，这样他就能经常发现一些将手头资金转去投资其他股票的机会，这些股票也许能给他带来更快速、更稳定的利润。因此，我们有必要熟悉一下那些投机性很强的股票，掌握它们各自的优势，了解它们在特定的市场环境中的表现和承压能力。

市场是由很多人的想法所构成的，而众人的这些想法就体现在他们所操作股票的价格之中。让我们来审视一下这些个股，以及这些特定股票或股票组合背后的各种关系所造成的影响作用，这有助于我们确切地衡量各种影响因素对我们想要操作的股票会造成什么样的影响。在我写这篇文章的时候，此时市场上的龙头股是——太平洋联合公司、里德铁路、美国钢铁、圣保罗、安纳康达以及美国冶金。市场操纵者、专业操作者以及公众在作出决策时都必须仔细研究这六只股票的表现。这六只股票除了1914—1916年这段战争年份之外，构成了市场上日常交易量的40%至80%，因此我们把这六只股票称为"六巨头"。

盘口解读者需要认真理解市场的基本法则。处于龙头股地位的股票是经常变换的。但是出于我们的研究目的，我们还是聚焦于刚才列出的这几只股票。刚才说到的"六巨头"股票中的四只都受到所谓"库恩与勒布标准石油集团"所做出的买卖行为的影响。这四只股票就是太平洋联合公司、圣保罗、里德铁路以及阿纳康达。而另外两只股票中的美国冶金是由"古根海姆家族"所控制；对摩根家族控制下的美国钢铁而言，对它影响力最大的因素莫过于公众的情绪了。当然，市场环境是影响美国钢铁股票交易状况的基础因素，而摩根集团或其他大型利益集团也会偶尔买卖几十万美国钢铁的股票，这也会对它的走势产生一定影响，但总体说来，对美国钢铁普通股的股价影响力最大的因素还是公众的情绪。对于这一点，我们应该牢记于心，因为这是我们理解市场所表现出来的技术形态的一把钥匙，而市场的技术形态是通过超买和超卖的转换而完成的。

除了"六巨头"之外，接下来的重要股票就是次级龙头股，比如说那些时不时地会表现活跃，同时成交量放大的股票。我们通常称这种股票为次级龙头股，因为它们的走势几乎无法显著地影响"六巨头"股票的价格走势，而且这种股票在表现活跃之后往往会跌回上涨之前的价位。

还有一组股票就是我们所说的小盘股票。这组股票由影响力尚在次级龙头股之下的股票所构成，这些股票往往都是低价股，其走势掺杂了许多公众情绪的因素。许多交易者在看到一些小盘股出现上涨时往往会买入"六巨头"或者次级龙头股中的股票，因为他们认为小盘股的上涨会带动六巨头或者次级龙头股的走高。这种情况

第三章　在股票列表中精选个股

有时会发生，但更多的情况是不会发生。如果期望一个交易规模为5000股的交易者会去跟随一个交易规模为100股的交易者的交易模式，或者期望一个交易规模为100股的交易者会去追随一个交易规模为10股的交易者的交易模式，这种想法无疑是愚蠢的。

市场中形形色色的股票聚在一起，就如同一个巨大的舰队，环环相扣地连接在一起，并且都受到利率、商业环境等这些作用力的影响。这个舰队中处于第一梯队的是六巨头；接下来分别是次级龙头股、小盘股以及小微股票。产生作为舰队推动力的蒸汽，推动舰队前进是需要时间的，而作为龙头股的"六巨头"会首先感受到这种作用力，其他股票会依照顺序依次感受到作用力。

如果影响市场的作用力停止了，舰队依然会在惯性的作用下往前运行一段时间，在此过程中会有一定数量的反弹或剧烈的上下震荡。除非作用力的方向突然地发生改变，不然这种反弹一般会非常地剧烈。很明显，处于刚才所说的那个顺序中靠后位置的股票除非发生重大调整，不然无法在股市中获得龙头地位。

股市中的几只龙头股代表了美国的几个最大行业——铁路运输、钢铁制造以及冶金业。所以这几只股票很自然地代表了国家经济在一定时间段内的发展方向。太平洋联合公司以及圣保罗公司的业务系统覆盖了整个美国西部地区。而里德铁路这家公司本身就是一项庞大的铁路资产，对西部地区的煤炭采掘业有绝对的影响，同时它与别的铁路是连接在一起的，所以对东部地区也有一定的影响力。美国钢铁公司与全美国各行各业都有着千丝万缕的联系，而阿纳康达公司以及美国冶金公司分别控制着美国的铜矿开采业和冶金业。你现在应该清楚如何看待这一组股票了。哪些是这组股票中占主导地位的龙头股，哪些是次一级的龙头股，哪些又是再次一级的股票，通过将这些主要的活跃股票进行分类查看，我们就不难发现其运动形式背后的作用力。

举例来说，如果统一天然气这只股票突然变得强势而活跃，我们就可以推测出它的表现将影响布鲁克林联合天然气公司的股价，但这并不能构成使其他公司的股价毫不犹豫地大幅上涨的理由。如果所有隶属于标准石油集团的公司股价都在以一种稳健而持续的节奏上涨，那我们就可以肯定其背后的那些资本家们正在蓄意制造出一波牛市行情。因为这些人不会为了区区几个点的利润而出手操作，所以跟随他们的步调进行操作是非常安全的，或者也可以在出货行为明显已经完成之后再进行买入。科罗拉多材料这只股票的突然爆发式上涨并不足以影响其他的钢铁类股票。在市场环境较为稳定的情况下，美国钢铁一定是第一个感受到利好因素作用力的，接下来它会影响到其他股票。在挑选隶属于库恩—勒布标准石油集团的股票时，盘口解读者必须仔细考虑在当时的市场环境中，哪个行业的股票会呈现出最强的活跃性并爆发出最大的成交量——到底是铁路行业还是钢铁行业，如果是铁路行业，那么他就应该选择太平洋联合公司或圣保罗公司，如果是钢铁行业，阿纳康达公司或艾瑞公司就是上佳之选（在1907年夏天股价处于24美元附近时，的确如此。这两只股票脱颖而出，在低价股中取得领涨地位，如艾瑞公司，在1907年夏天期间股价达到了24美元）。

这预示着艾瑞公司的股票将出现一些重大的变化，但并不足以预示它将带动低价股票的整体上涨。如果此时太平洋联合公司、南太平洋公司等龙头股紧随其后发生了上涨，那么盘口解读者应该立即买入这些龙头股并且坚定持有，此时不应该再在艾瑞公司的股票上浪费时间，因为如果艾瑞公司的股票涨了5个点，那么太平洋联合公司这样的龙头股如果运行好的话能涨15个点之多。

通过研究不同性质和类别的股票，我们可以得到很多有价值的发现。经验表明，当次级龙头股开始上涨时，龙头股往往已经完成了上涨并且已经开始清仓出货，而这种清仓出货是在广大次级龙头股的掩护之下进行的。专业的交易者往往非常善于利用这些"指示器"。

如果一只股票现在尚未受到内部操纵的控制，就给大型投资机构留下了炒作的空间，这一类股票在价格上的很多波动都是由场内交易员或职业操盘手一手制造的，他们通过联合操作以及大批量地买入卖出股票能够让股票按照他们所希望的方向运行。美国钢铁普通股的价格受到这样几个因素的影响：钢铁贸易的状况、公众的投资情绪，偶尔也会受到内部操纵的影响。在所有的股票之中，没有任何其他一只股票像美国钢铁这样准确地体现了公众投资者的投资态度(包括正常持股的以及以保证金形式持股的投资者)，同时它也跟整个大盘的技术形态保持高度一致。

如果投资这只股票，那么分析钢铁贸易状况的报告是必须仔细阅读的，该公司的盈利情况以及目前公司所持的订单状况也需要仔细加以研究。绝大多数公众投资者不会轻易卖出自己非常看好的股票，甚至会使用保证金式的杠杆交易，直到看见自己的股票已经产生了利润，或者是在一次灾难性的下跌中受到了严重的冲击。所以说，如果股票在重大的利空消息冲击下仍能保持强势，我们就可以推断出公众投资者的持股意愿十分强烈、信心非常充足。如果美国钢铁呈现出相当幅度的弱势特征，这就说明公众对是否持股抱有一种不置可否的态度。这个时候公众的投资情绪变成强烈地看多，并且投资偏好转向具备强烈投资特性的低价股。小型钢铁股票的内部操纵者往往会利用这次机会抬高股价，并且将其持有的股票在一个好的价位伺机出货。这些铁路类公司的主要增长驱动力来自汽车、火车、铁路类客户的订单，而这些订单主要受到宏观经济环境的影响。相应地，环境因素的作用在于让股票市场随着宏观环境的繁荣与萧条而运行。

我们需要仔细研究并熟悉主要的投资标的及其各自所属群组内的股票，我们对这些股票的研究越深入，就越会发现这些股票都有着各自的股性。举例来说，如果跟50人或100人站在同一间屋子里，等到熟悉了他们的主要行为动机和各自性格特点，就可以对他们在特定环境下的行为做出准确的判断。所以对于盘口解读者而言，必须熟悉这些市场上不同个体在每一个交易时点的细节情况，以及在证券交易所中能够影响这些股票走势的那些人们的操作习惯、行为动机以及思维方式。

第四章　交易法则

当一个人打算进行一次远行的时候，首先需要考虑的事就是这段旅程所需的费用。

在计划我们通向日内交易这段旅途的时候，我们必须仔细地考虑所需的费用，或者说那些固定的交易费用。

如果交易不需要花费成本，那么获得利润将会是一件远比现在轻松得多的事——只要交易中产生的利润多于亏损就行了。

不管你是不是纽约证券交易所的会员，在实际交易中，利润必须多于亏损才能盈利，在任何交易中都是如此。交易是盈利还是亏损在很大程度上取决于以下几个因素：

交易佣金。

看不见的八分之一（指的是在实际市场交易中买价和卖价之间的价差）。

税金。

兑换费用。

除此以外，如果进行的是隔夜交易的话，还会有利息费用。

通过在纽约证券交易所购买交易席位，交易佣金可以降低到日内交易中每100股1美元，隔夜交易中每100股3.12美元，然而这种优势在一定程度上被购买交易席位的花费所抵消。

威科夫超短线交易秘诀

所谓的"看不见的价差",也就是买卖价之间的价差,是所有交易者都无法避免的。交易中买价和卖价的差额从来就不会小于0.125美元,比如当你买入一只股票时,买价是45.25,卖价是45.375,通常而言你需要以45.375的价格才能买到,如果你需要卖出这只股票,就需要以45.25的价格卖出。这种买价与卖价之间的差距会一直伴随着你的交易,笔者习惯于把这种价差称为"看不见的八分之一"。如果一位盘口解读者不是证券交易所的会员,那么他就必须时刻记住,每当他做多或做空100股的时候,他就会损失0.125美元。为了防止自欺欺人,他需要将这部分资金支出计入到买入股票时的价格中,或者从卖出价格中减去。那些总是吹嘘自己盈利的人总是会忘记减去这些零星的成本支出。

然而这些暗藏的支出往往会打破交易者的整体损益平衡。我们经常会听到有人这样说:"我成功获利了,如果不算佣金支出的话。"这种话听上去是十分滑稽的,这种自欺欺人的做法也是毁灭性的,交易管理系统才不会管这些自欺欺人的话,每交易100股股票时的佣金支出照收不误。我们需要牢记于心的是,如果在第一次交易中损失了一笔佣金支出,第二次的交易中就需要赚出这个金额双倍以上的利润才能真正盈利。

这样看来,盘口解读者需要面对的问题不仅是如何消除亏损,还包括如何尽快弥补交易所产生的各种费用支出。如果交易者在一次做多交易中赢得了两个点的利润,那么他没有理由等到股票价格低于他的损益平衡价位之后还不卖出。这种交易环境中他应该使用止损单,这样一来无论如何他都不应该亏钱。

这个止损单不应该下达在市场价格与持仓成本太接近的时候,必须留出市场反弹的空间。盘口解读者其实就是善于追随瞬间趋势

第四章 交易法则

的人，专家级的盘口解读者能够准确地区分出哪些是真正的趋势改变，哪些是小反弹。

当他那探测器一般的头脑告诉他趋势即将改变时，等不到止损单被触及就会在极短的时间内立即清仓或改变多空观点。止损价设在持仓成本的止损指令只有在发生突然而明显的趋势改变时才具备优势。当操作者必须离开股票报价机一分钟以上时或者报价机突然出现故障时，也应该使用止损指令，因为只有密切关注报价情况时，市场才能告诉他应该怎么做，当这种外部条件不复存在时，交易者就如同暂时失明了一样，此时他必须做的就是保护自己在黑暗中免受可能出现的攻击。

我认识的一位交易者，他有一次买了500手的白糖期货，买完就去吃午饭了。他在午饭上的花费是25美分，但当他吃完饭回到报价机前时，却发现午餐的总花费是5000美元加25美分！这笔交易中他没有下止损单，白糖期货价格下跌了10个百分点，他的经纪人只得将他的交易保证金全部平仓。

报价机往往有个很不好的习惯，那就是在最急要的时候经常变得不连贯。不管我们怎么发牢骚，他总是等到问题解决之后才恢复正常的价格打印功能，而不是在此之前，因为在交易中每个价格百分点都是至关重要的，所以在买入持仓之后必须马上下达止损指令，直到价格按照你所预期的方向运行并形成浮动盈利之后，才能考虑将止损指令撤回。

如果你的一笔交易是隔夜交易，那就必须使用止损指令来避免可能会给市场或自己带来不利影响的突发事件。一些可能会对个股产生重大影响的突发事件可能在第二天开盘之前就发生了，这样一来，交易者就可能因此蒙受损失，所以必须使用一定的保护措施来避免这样的利空事件。

说到应该把止损指令下到什么价位的问题，这取决于具体的交易环境。聪明而有经验的交易者们都习惯于将止损指令下在让自己的总亏损不超过两个点的位置，但这实际上是一种很随意而任性的做法，通常而言，当盘口解读者看盘时总是明白自己该怎么做，但是当他以任何理由无法再观察市场时，就只能采取这种看上去很随意而任性的做法了。

在实战中可以使用观察股票"阻力位"的方法来确定止损价位，所谓的"阻力位"就是市场发生反弹之后所达到的最高价位。举例来说，如果你在130美元的价格做空，而后股票下跌到了128美元，接着又反弹到了129美元，然后继续下降，129美元就成了一个阻力位。股价触及129美元这个价位的次数越多，证明这个阻力位越强力。如果你需要暂时离开，有一小段时间不能盯盘，那么把止损位设在129.25美元是个不错的选择。在以后的章节中我还会更详细地讨论"阻力位"的问题。

如果操作者想使用自动止损指令，下面提供一种比较好的操作方法：假设在第一笔交易时止损价位设在离现行价格1个点的地方，每当股价向你所预期的方向移动0.25个点，相应地改变止损价位，这样止损价位就不会偏离市场最高价位1个点以上，而风险就会被逐渐地、自动地化解掉了。如果一位盘口解读者的技术非常娴熟，他的盈利一定大于亏损。但若你所设定的止损价位超过了包含佣金在内的持仓成本价位时，你就不用再设置自动止损位了，而是任由市场的发展来确定止损位与卖出信号。

运用这种止损指令的一个弊端就是它妨碍了交易者自主判断力的发挥。有个例子能够很好地证明这点：一位个子很高的女士和一

第四章　交易法则

位个子较矮的男士正在一起过马路，一辆汽车刚好从他们面前行驶而过，女士觉得此时有充分的时间穿过马路，但是男士目前正挽着她的胳膊，而且他还没决定好是原地不动还是现在就穿过马路，等到穿过马路的时候，因为身材所导致的步伐上的差异，男士一会儿拉着女士走，一会儿又牵制了她的前行，直到穿过马路回到人群中的时候，这段逃窜一般的历程才算结束；如果只是她一个人的话，她绝对能知道应该怎样做。盘口解读者的情况与此类似，他时常会被自动止损指令所牵绊，最好的方法就是按自己的想法自由行事，而不必被那些僵硬的规则所驱使。

在另外一种情况下止损指令对盘口解读者而言也是有意义的，那就是当来自盘面的指示不是那么明确的时候。当然，你的第一笔交易委托必须是在趋势已经特别明显的情况下做出的，但接下来盘面的情况会不断变化，有时会变化得让人不知所措，不知道接下来应该是继续持仓、平仓出货还是改变原来的多空观点。在这种情况下最好是在尽可能接近当下市场价的位置下达止损指令，而不必彻底平仓出货。这意味着我们应该能够承受股价在一定范围内的波动。如果股票走势一旦摆脱了不明朗的态势，进入了确定的趋势之中，此时就应该改变或者撤销止损指令。如果出现了与你预期方向相反的趋势，那就需要赶紧将这笔交易平仓。

恐惧、迟疑和不知所措是盘口解读者的致命死敌。造成恐惧的主要理由就是过度交易。因此应该事先估计出会给自己造成恐慌感的最大交易量是多少，你的交易量不应该超过这个估计值。而迟疑不决的缺点可以通过有纪律性的自我训练来克服。应该通过观察得出准确的趋势发展方向，而不能根据情绪意气用事——买入时是这样，卖出更应如此。当一波趋势确立之后就应该果断下单追随趋势。

在交易中的时间往往不是按分钟而是按秒来衡量的。盘口解读者扮演的不是决定方向的船长的角色，他更像是一位控制机械系统的工程师，他的责任就是快速而准确地执行市场趋势所下达的命令。

我们把盘口解读者定义为追随即时趋势的交易者，这意味着他会追随阻力最小的那条上涨趋势线。他完全跟随市场而动，而不会逆势而行。相反，有些交易者总是陷入一种不正确的思维方式，习惯与市场的即时趋势反着来，他往往用他的100股或更多股与市场目前的供需形势进行相反的操作，而形成市场目前供需形势的股票数量会是几百万股，这就好像一个人站在海岸上拿着一个扫把作为武器，想要以此对抗大海上扑面而来的浪潮，完全是螳臂挡车。而当他追随趋势而交易的话，形成当前市场供需的力量和机构的操纵都是在为他服务。

一个价格在20个点幅度之间波动的市场不能算作形成了趋势，作为盘口解读者应该注意回避这样的市场，这是因为除非他捕捉到了每个小波动的拐点，不然所赚的钱连佣金都弥补不了，这还不算他偶尔会产生的一些损失。没有一艘帆船能够在一潭死水中取得比赛的成功。每笔交易要消耗大概一个点的佣金，而且面临着可能损失2~5个点甚至更多本金损失的危险。

对一位机械工程师而言，告诉他一辆车的重量，推动车辆前进的动力情况，以及行驶当中所遇到的阻力情况，就能大概推算出这辆车能够行驶多远。盘口解读者与此类似，通过估计一只股票开始上涨并形成上涨趋势这个过程中的推动力大小，就可以判断出这只股票是否值得操作，也就是说是否能够弥补他的交易成本并且为他这次冒险提供足够丰厚的报酬。初级的交易者往往靠着一些小道消息来进行交易，在获得一两个点的浮盈之后就离场，但除去佣金支

第四章 交易法则

出之后他蒙受了损失——直到蒙受了巨大的损失让他彻底窒息。盘口解读者必须进行与此相反的操作——他必须杜绝任何可能让他蒙受一点点损失的机会，并寻求获得3个点、5个点甚至10个点利润的机会。这并不意味着盘口解读者非得抓住市场中每一个貌似是获利机会的交易时点，一直待在市场中也是不现实的，盘口解读者仅需从价格波动中研究出最好的交易机会。

盘口解读者所面临的风险可以通过股价按他预计方向运行过程中对止损指令进行一些合理的安排而逐步化解。他需要在头脑中牢记应该止损的价位，或者在实际交易中按照这些价位下达止损指令。在第一章中我曾指出，一旦分析出股票处于什么价位时将进入危险区就应该在头脑中牢记这个价位，当股价真的运行到这个价位附近时，就应按当前的市场价将这笔交易平仓离场。理由如下：必须留出一定的余地，让自己在最后一刻也能够改变交易计划或多空观点；如果现在想撤销或改变一个已经下达的交易指令是需要时间的，所以总是会有那么几分钟的一段时间是操作者无法在市场中表达自己观点的，通过在头脑中牢记止损价位并在市场中下达交易指令，就总能知道自己所处的位置和所持的观点，只要下达的交易指令还没有被执行，最需要考虑的问题是何时应该进场，何时应该离场。

当你的止损指令是根据市场当前状况所做出时，这个止损指令就是最有效也最科学的。下面就是一个这样的例子(图4-1)：

这是一只在128美元到129美元之间波动的股票，在运行到128.75美元时给出了买入信号。

很明显，如果这个买入信号是有效的，股价不会再次跌破128美元，这是一个很强的支撑位，股价曾经运行到这个位置两次，第三

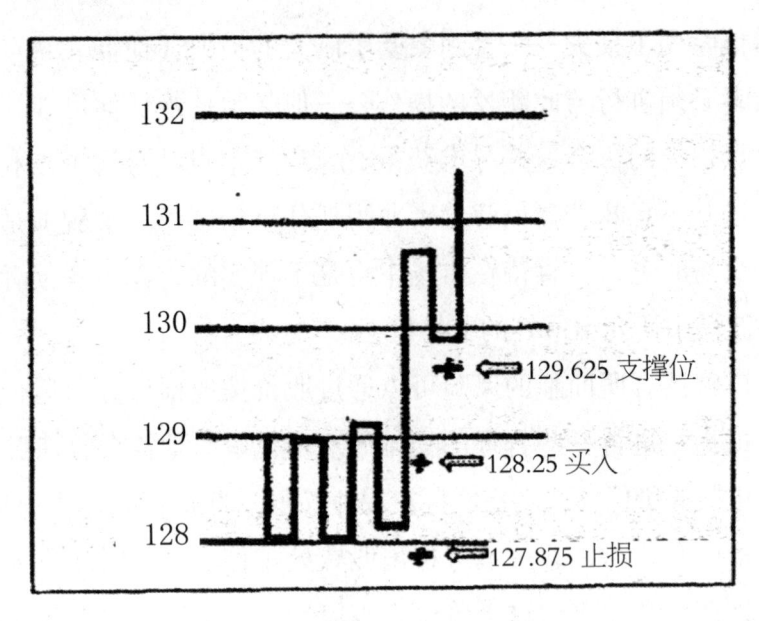

```
                    132 ─────────────────

                    131 ─────────────────

                    130 ─────────────────
                                    ┼ ⇐ 129.625 支撑位

                    129
                                    ┼ ⇐ 128.25 买入

                    128
                                    ┼ ⇐ 127.875 止损
```

图 4-1

次是运行到了 128.125 美元。而第三次时价格并未下跌到 128 美元，而是在此之上一点的位置，这表明股价会上涨到一个更大的波动区间，也显示出下跌的压力已经并不是那么强烈了，买方力量逐渐增强而且越来越急迫。换句话说，此时的支撑位上升了 0.125 美元。如果是在 128.25 美元买入的，止损指令就应该下在 127.875 美元，也就是原先止损指令之下 0.125 的位置。接下来股价上升突破了原先的高点 129.125 美元，并且继续上升到达了 130.75 美元。在股价超过 130 元之后的任何时候，操作者都应该把止损指令下在买入价加佣金的成本位置，也就是 129 美元。股价之后回调到了 129.875 美元，再后来恢复涨势达到 131 美元。当股价创出新高的时候，就应该把止损指令调高到 129.625 美元，因为 129.875 美元是价格缺口处形成的支撑位。在这个例子中，交易者最开始面临的风险是 0.875 美元加上佣金支出，后来持续的上涨势头中出现了一个非常明显的最佳止损位，

第四章　交易法则

使其他任何的止损位都再无必要。

这个例子是以图示的形式来进行说明的，但真正有经验的盘口解读者大体上都能把这些价格波动记在头脑中。在循环往复的上涨波动和下降波动中出现了一系列的高点和低点。当然，你可以在任何时候使用止损指令，特别是当交易者想要获得一波确定的利润时；但是最好是等到股价突破了它一直以来震荡运行的那个箱体之后再使用止损指令，因为利用股价在市场中自然运行所形成的价位作为止损指令的价位才是最佳的策略。

如果一名交易者在刚开始交易不久，股价就触及了他的止损位从而将其清出了市场，这也并不一定就意味着他的判断是完全错误的。有时候市场上会出现一些灾难性的"黑天鹅事件"，一些个股会发生一些意外之灾，而这些意外之灾的影响力足以波及其他个股。正是因为市场上可能会发生这些不可预知的偶然事件，所以将损失锁定在最小的范围内就显得格外重要。在这个例子中，交易者如果改变止损价位就是一种愚蠢的行为，因为这样会使他面临的风险增加。这种行为在普通投资者当中是经常出现的，但专业的盘口解读者却几乎从不会这样做。专业盘口解读者做出的每一笔交易都有章可循，都有充分的理由。交易开始的时候就应该充分考虑到所有的风险，除非与风险所对应的利润异常巨大，不然不要冒大的风险进行交易，但这只是极少数情况。盘口解读者必须要尽量减小而不是增加风险。将风险与利润平均化的方法不属于盘口解读的研究范畴。平均化是一种探求股价顶部和底部的方法，盘口解读者不并需要使用这种方法，他只在把行情观察清楚并知道怎样做的情况下才会出手，绝不会贸然行动。

我们很难找出一种用以衡量操作者应该预期多少利润的固定法

则。总的来说，在交易中何时应该止盈出货是难以用机械的方法来衡量的。当我们开始了一笔交易，刚开始可能看起来会盈利3～4个点，但是如果随着股价的上涨，买方力量也相应上涨，在出现股价回调信号之前，股价可能上涨10个点之多。我们希望读者牢记于心的是，我所写出的这些论述和建议并非是一成不变的，我的初衷并不是提供一种金科玉律，只是以论述研究的形式对市场做出尽可能有效的分析，并得出一定的结论，希望读者在模拟交易或实盘交易中应用这些分析结论时，能够根据个人经验对这些结论做出自己的调整，形成属于自己的经验结论。

在这些情况下，盘口解读者必须结束一笔交易：当有信号表明股价即将出现与他预期方向相反的趋势；当股价触及了他所设定的止损指令；当股价运动方向不明朗；当他发现了一个潜在获利巨大而稳定的交易机会，并且想把所有的资金投向这个更好的交易机会时。

在股票的成交记录中，隐藏着一条能够指示出股价走向的趋势线，对于精通盘口解读的交易者来说是很容易看出这条趋势线的，在以前的论述中我们说过，在龙头股中我们更容易发现这条趋势线。所以说，当交易者在做空太平洋联合公司的股票时，发现这条趋势线显示整个市场即将出现下降走势，此时再维持多头持仓就是愚蠢之举，此时不仅应该尽快平仓，如果判断出空头力量足够强将引发风险的话，还需要清仓出货。在价格波动幅度足够大的市场中，盘口解读者会发现当他应该结束一笔交易的时候，通常也是应该转变多空立场的时候。操作的手法必须像鲸鱼须一样灵活，不能有任何激进的想法，操作者必须服从股票价格背后暗含的规律。结束一笔交易的信号可能会来自另一只股票、某一类别的股票或者整个市场。

举例来说，统一天燃气公司的诉讼处理结果在法庭上宣判的当

第四章 交易法则

天，假设交易者在上午11点钟买入了太平洋联合公司的股票，买入的价格是182.75美元。在从11点到12点的时间段内，太平洋联合公司的股价上冲到了183.5美元，而里德铁路这只股票表现更加活跃，上涨到了144美元。中午前后的一段时间里，里德铁路股票爆发出了巨大的成交量，在3/4个点的价位里发生了5000股的换手，其中原委很难解释得清，但这很有可能是内幕交易者所进行的对倒交易。如果这不是内幕交易使然的话，只能解释为里德铁路股票的买方力量在这个价位上急剧膨胀，并且卖方的出货量此时也非常多，足以供给所有买方。此时股价已经上涨到了144.375美元。

在狭窄的价格空间内爆发出了巨大的成交量，只有两种解释：一是在这个价位上突然凝聚起了非常巨大的买方力量，而这只股票的庄家正好想利用这次机会清仓出货。二是里德铁路股票的突出表现足以吸引其他股票投资者的注意力，而这些其他股票的庄家正好趁其不备伺机出货(这种情况的典型例子并不多，目前只有纽约中央公司的股票)。如果卖方力量不足以遏制住股价的涨势，那么里德铁路的买盘就会吸收所有的卖盘，并且致使股价涨到一个新的高度。但是这个例子当中，接下来的卖方力量显然比买方力量更强势，里德铁路的股价也发生了回调，这就警示操作者要注意这只目前的市场龙头股的上涨力量受到了阻力。在这个价位上，操作者应该预见到股价会发生一波下跌。接下来里德铁路股价真的发生了下跌，缓跌到了143.875美元。太平洋联合公司的股价在跌到183.625美元之后继而跌到183.25美元。所有股票都被笼罩在一片阴霾之中，整个市场变得极不活跃。

太平洋联合公司的股价突然又下跌到了183.125美元，接下来在183美元价位成交了500股，在182.875美元价位成交了200股，在

183美元价位成交了500股，在182.875美元价位成交了200股，在182.75美元价位成交了500股，这就说明目前这只股票不仅是缺乏买方需求，而且还缺乏卖方供给。接下来发生了这些情况：刚刚还在131.5美元价位成交了400股的纽约中央公司股票几分钟后就在131美元价位上成交了1700股，又在130.25美元价位成交了500股，最后又在130美元价位成交了700股。这说明目前的市场处于弱市行情中，并且将进一步走弱。纽约中央公司股票在低价位上成交量巨大，在很短的时间内急跌了一个半点，这说明目前不但缺乏买方力量的支撑，而且卖方为了能够顺利出货在价格上不得不做出一些让步。在如此狭窄的价格振荡幅度中爆发出了巨大的成交量，说明卖方绝对不是小规模的交易者。伴随着里德铁路股票的孱弱走势、太平洋联合公司股票的缺乏支撑，纽约中央公司股价的弱势是市场下跌的另一些前兆。

  不管何时出现了这种征兆，交易者都必须马上做好卖出多头持仓并且反手做空的准备。在等待这种征兆出现的过程中，盘口解读者可以用这段时间考虑在龙头股中哪一只会是最好的卖空目标。此时他会立即选择里德铁路，因为只要步入了弱势行情，刚才在144美元左右的价位被操纵者出货的大量股票就会再次涌入市场，造成进一步的跌势。原因是这样：广大的散户投资者在里德铁路股票处于阶段性高点时大量买入，承接了操纵者所抛售的股票。操纵者所营造出的巨大成交量仅需伴随一点点的涨幅就能引发散户投资者们极为强烈的看多情绪，这样的结果就是诱使广大的散户投资者在高位承接买入了操纵者所抛售的大量股票，而这正是操纵者们想看到的。我们都听到过有人大肆张扬自己抢先买入了某只股票，而这样的后果往往就是随后赶上股价的下跌。那些随波逐流跟风买入股票的人，

第四章 交易法则

在股票出现走弱信号时是最容易陷入恐惧的，继而就会抛出之前所买入的股票——开始时受着贪婪的支配，后来又被恐惧所折磨。盘口解读者如果选择了里德铁路这只股票，那就是选到了在熊市中最有可能获利的一只股票。

在中午12：30的时候证券交易市场依然开盘，大部分成交的交易规模都非常小，股价的波动也都极小。里德铁路的股票此时出现了明显的出货态势。它在143.75美元成交了500股，在143.625美元成交了500股，在143.5成交了400股，之后在143.75美元成交了400股。此时交易者会意识到里德铁路适合做空，于是在144.5或144.625美元的价位下了止损指令，因为多头形成的买入力量很可能将股价推上先前的高点，也就是144.375美元左右的价位，在此处股价每上升0.125个价位，就会遇到50000股中相当一部分卖出所带来的压力。

其中的推理过程其实是超乎我们现在主要讨论范围的，我们现在要讨论的是在持有一只股票时如何通过观察其他股票的表现判断应在何时卖出现在持仓的股票。报价机显示太平洋联合公司的股票在182.75美元价位有零星的成交；纽约中央公司股票在130美元成交了1100股，又在30.375美元成交了900股。市场中的其他股票似乎也都没有一丝一毫的活跃表现，使操作者对自己现在多头持仓的持有态度不再坚定。虽然一时间还没有找到充足的理由卖出股票，但是他明显感觉到通过多头持仓获利的机会在如今冷清而弱势的市场行情中已经不复存在，所以他卖出了太平洋联合公司的股票，并且等待里德铁路的股价走势出现做空信号时伺机做空。太平洋联合公司的股价持续走弱，到了182.625美元，其他股票也都出现了小量的跌幅，但目前的弱势局面还不足以引发股市大规模下跌，所以他选择继续等待。接下来太平洋联合公司股票在182.625美元成交了1800股，而后又在182.5美元价位成交了3000股，其他股票也随之附和，整个市场显得更加弱势了。统一天然气股票的成交价格从163.75美元跌到163.25美元，又跌到163美元，这是这只股票首次表现出活跃态势，不过这也没什么奇怪的，因为这只股票的价格波动幅度向来都比较大。继而，一系列龙头股都出现了小幅的波动。统一天然气的股价从162.5美元涨到162.75美元，接着在162.25美元价位成交了500股，此时统一天然气这只股票已经表现得非常沉闷，它用自身沉闷而疲弱的走势提醒了操作者对它注意，操作者也开始注意这只股票，进而注意潜在空头的破坏力量何时会冲击整个市场并让所有股票步入下跌趋势。

中午午12：45的时候，统一天然气股票在161.5美元价位成交了500股，走势非常弱。接下来，这一组龙头股表现非常稳定，太平洋联合公司股价182.625美元，纽约中央公司股价130.375美元，里德铁路股价143.75美元。接下来发生了小幅反弹，太平洋联合公司股价上升到182.875美元，统一天然气股价升到了162美元，大量的纽约中央公司股票在130美元价位被出售，里德铁路的股价是143.5美元。这波小反弹缓解了之前普遍的弱势行情，但是作为盘口解读者，直到确定大的变动即将发生时才能跟随趋势而动。纽约中央公司股票的成交价是129.75美元，说明130美元这个价位上的买盘被消化掉之后，此股票仍然面临着比较沉重的抛压。整个市场处于下降的边缘，任何一点小的风吹草动都可能让市场陷入下跌。接下来，太平洋联合公司股票在182.5美元价位有巨量成交，在182.375美元价位成交了300股，在182.5美元价位成交了200股；里德铁路成交价分别经历了143.5美元、143.375美元之后在143.5美元的价位成交了

第四章 交易法则

1000股；纽约中央公司股票在130美元价位成交了2000股，又在130.125美元价位成交了800股。

接下来发生了让操作者期待已久的下跌行情！统一天燃气公司在163.75美元成交了200股，在163.5美元成交了400股，在161美元成交了300股，160美元时成交400股！操作者不再犹豫，下达了做空里德铁路的指令。所有的股票都在下跌，里德铁路股票原本处于143.5美元的价位，后来在143.25美元价位成交了600股，接着又成交了1300股。纽约中央公司股票从130美元跌到了129.5美元，统一天然气在159.5美元的价位成交了500股。而后统一天燃气公司的股价急转直下，它向投资者发出了一个信号，告诉投资者如果不想持有一只像冰山一样随时会崩塌的股票，就必须把它卖出或反手做空。市场下跌得如此猛烈，以至于投资者没能在142.75美元的价位完成交易，但他在距离股价顶部不远的位置成功做空——股票在这个位置上好像随时都会发生断崖式下跌。所有的股价此时都在猛烈下跌：美国钢铁、美国冶金、南方太平洋公司以及圣保罗公司。太平洋联合公司股价下跌到了181.625美元，其他股票的下跌幅度也与此相当。统一天燃气公司开始时股价是158.5美元，然后在158美元成交300股，接下来的价格分别是157美元、156美元、155美元、153美元，其他的股价也相继下跌。

上边这个例子揭示了盘口解读者的思维方式，也说明了如何通过观察一只与现在所交易股票无关的股票所发生的下跌，从而看出何时应该卖出所持股票并在这只股票或其他股票上进行做空的过程。如果所有的龙头股都呈现出一致的下跌步调，使整个市场都呈现出一种明显的下跌趋势，那么这很有可能就是终止一笔交易的信号。最好的具体信号之一就是反弹或回调的强弱程度。

统一天然气股票最终下跌到了138美元，下跌的具体原因当然就是最高法院的判决，判决结果是当天13:10在新闻上公布的，但是通常而言，这条新闻总会比媒体提前好几分钟在股价上显现出来——首先获得资讯在股市中就是有这么大的便利，而那些坐在电话旁等待消息的人，在卖报人那里买报纸获得消息的人，以及总是从别人口中探得消息的人，则在信息获取上错失良机。能够获得内幕消息的交易者一旦得到了消息就会有所行动，而这会通过上午股票的沉闷行情表现出来。那些坐在最高法院内听到了宣判结果的人们毫无疑问会径直走向电话并下达卖出股票或做空的指令，他们的出售行为会在股价上显现出来，比新闻传到纽约的时间更早，而盘口解读者就成了第一个被通知到的人，在新闻被传得人尽皆知之前，他早就对这一切已经了如指掌。

第五章　成交量及其意义

鉴于我们目前所做这项研究的目的在于学习如何解读股价记录中蕴含的信息，因此在继续我们的讨论之前我必须解释清楚一个问题，不然的话很多问题都无法阐述清楚。

首先，我们必须清楚市场中的任何股票不管目前处于什么价位，都包含两方面信息，就是卖方报价和买方报价。要知道"上一笔交易的价格"与"市场价格"是完全不同的。如果美国钢铁刚才的售价是50美元，这个数字代表的就是刚刚发生的交易的执行价格，换句话说它代表的是历史。美国钢铁这只股票目前的买方/卖方价格可能是49.125美元/50美元或50美元/50.125美元。卖方价格和买方价格共同构成了市场价格。这种市场价格是成双成对的，而股票被卖方抛售并转到买方手中的成交量，显示出了多空力量对比上的优势目前转向了哪一方。举例来说，股票报价显示当前的市场成交价是50.125美元，卖盘上有着很大的成交量：

在50美元价位成交了500股。

在50.125美元价位成交了1000股。

在50美元价位上成交了200股。

在50.125美元价位成交了1500股。

在这四笔成交中，有700股是在50美元的价位成交的，有2500股是在50.125美元成交的，说明这个时候买方力量比卖方力量更为强势，由此我们可以推断出美国钢铁的股价在跌到49.875美元之前会先涨到50.25美元。每一秒的供需情况都是不断变化的，所以我们对此并没有十分的把握，但这仍然是大概率事件，不光是美国钢铁这一只股票，所有在我们之前提到的名单上的股票都可以如此进行分析。

只对龙头股进行操作是有着独到的优势的：来自需求或抛压的影响首先会反映在这些主要的股票上。影响股票走势的几种主要力量，如内幕交易者、市场上的操纵者、公众投资者所做出的行为，都会在成交量上显示出来。原因很简单，对于这种流通盘非常大的股票而言，它们不可能不留下巨大的成交量就发生明显的上涨或下跌。在牛市行情中，各路投资者若想顺利买到股票就只能逐渐把价格抬高。比如：

在182.125美元价位成交了1000股。

在182美元价位成交了200股。

在182.125美元价位成交了1500股。

在182.25美元价位成交了200股。

在182.375美元价位成交了3500股。

在182.5美元价位成交了2000股。

下边我们再举一些连续交易的例子：

在47.25美元价位成交了200股

在45.875美元价位成交了100股。

在45.875美元价位成交了100股。

在46.75美元价位成交了1900股。

在46.125美元价位成交了100股。

第五章 成交量及其意义

在46美元价位成交了100股。
在46.625美元价位成交了100股。
在46美元价位成交了100股。
在45.875美元价位成交了600股。
在46.5美元价位成交了100股。
在46.25美元价位成交了200股。
在45.75美元价位成交了500股。
在46.375美元价位成交了100股。
在46.375美元价位成交了100股。
在45.625美元价位成交了200股。
在46.25美元价位成交了600股。

上午11：00

在45.5美元价位成交了100股。
在46.125美元价位成交了100股。
在46.375美元价位成交了300股。
在45.625美元价位成交了100股。
在46美元价位成交了600股。
在46.125美元价位成交了100股。
在45.875美元价位成交了400股。
在45.875美元价位成交了100股。
在46美元价位成交了100股。
在45.75美元价位成交了100股。
在45.75美元价位成交了200股。
在45.875美元价位成交了100股。
在45.625美元价位成交了400股。

49

在46美元价位成交了100股。

在46美元价位成交了100股。

在45.75美元价位成交了100股。

此时的公开市场价格是买盘46.75美元，卖盘47.25美元，如果有人想在第一时间买入股票就需要支付更高的价格。所有46.625美元的买盘都被消化掉了，因为下一笔交易的成交价是46.625美元。在此之后的几笔大单都促使了价格的下降，说明市场上的抛压依然较为沉重，这意味着股价将会走得更低。在某些股票之中，1900手的成交是个非常大的数目，而对一些流通盘非常大的股票来说就无足轻重。这些分析要点具有相当重要的价值，交易者必须牢记于心。成交量必然是同整个市场的活跃性成比例的，同时也和个股的活跃性成正比，但这种比例关系难以用一种固定的公式来衡量。我曾经见过一位盘口解读者在别人下了1000股的大单买入西北铁路股票之后跟随买入，并且获得了不菲的收益。通常而言，西北铁路这只股票的股价波动非常的迟缓，而这么大的买单意味着这只股票的投机需求即将变得十分活跃。

现在我们来看一下场内交易之中到底发生了什么事，从而造成了以上描述的那种盘口特征，借此证明我们的推理是正确的。

几年之前，操纵铁路类股票的事在纽约证券交易所内时有发生。比如经纪公司在接受客户卖出股票的交易委托时，客户都会要求他们将这些股票全部出货，而在接受买入委托时，客户往往要求他们尽可能隐蔽，他们在某天中收到的第一个交易指令可能就是：买入38美元以下的全部卖盘。

38美元就是昨天收盘时的市场价之上3美元的位置，这就给接受买入委托的经纪商一个足够的操作空间。客户会给场内的交易员下

第五章 成交量及其意义

达这样的交易指令：这只股票昨天收盘于35美元，你现在买入35.5美元以下的所有卖盘，然后再告诉我事情的进展。不要抬高价位买入股票，只需买入卖盘上供给的股票即可，并在适当的时候抛一点货以压低股价。在这个例子里，场内交易员会站在人群中等待股市开市，开市后人群中就开始喧嚣不断。有的人会喊：在35.125美元卖出2000股，另一个人会喊：在35美元买入500股。经纪商会在35.125美元买入2000股，一会儿又转手在35.125美元卖出100股以促使股价下滑。其他人同时也跟风在35.125美元卖出100或200股，一旦引发了跟风出货，此时他又会撤销自己的卖出委托，因为他的目的是买入更多的股票，只有在压低股价以便使自己能买入更多股票时才会抛出一定数额的股票。

接下来他撤出了300股在35美元的买入委托，然后转为"在35美元买入200股"，一些想要卖出股票的人就会卖给他股票，而后他又下达了"在34.125美元买入100股"的买入委托，目的就是促使股价下降。此时有人挂出卖出委托"在35美元卖出1000股"。我们这位经纪商就会说："我全买了。"接下来在35.125美元又有500股的卖出委托，他同样又是照单全收。

我们来看股价的变动情况：

开盘于35美元。

在35.125美元价位成交了2000股。

在35美元价位成交了200股。

在34.875美元价位成交了100股。

在35美元价位成交了100股。

在35.125美元价位成交了500股。

日内交易者会如此这般解读这些交易：公开委托卖出价和委托

51

买入价在35.125美元的时候有人买入了大量的股票(2000股)。接下来两笔交易的成交量都比较小，表明抛压有所减轻。34.875美元这个价位之后又出现了35美元价位上的100股的交易，这表明买家以35美元的卖盘价格买入了股票，并且以35.125美元的价格买入了更多的股票。此时的买方力量占据主动，买家是零星买入股票还是批量买入股票并没有区别，总的来说大方向是向上运行的。

从另一方面说，我们来假设一下操纵者目前是想打压股价。为了实现这一目的，他可以供给或者说卖出比买盘数量更多的股票，或者哄骗、恐吓其他的股票持有者从而诱导他们抛出手中的股票，抛售的是谁的股票并没有区别，造成的下跌效果都是一样的。正如人们常说的"上帝总是站在最强的阵营一边"，当操纵者让经纪商进入交易人群中通过下单让股价下降，经纪商会将股票卖给所有的买盘，并继续低价卖出股票，直到股价下跌到目标价位，或者直到遇上一个只有大量抛出所持股票才能攻克的价格支撑位为止。

现在这个例子中的股票价格是在80美元附近，我们假设经纪商所收到的指令是"将股价压低到77美元"。经纪商冲进交易人群之后，他发现有人以79.875美元委托买入500股，而此时委托卖出的价格是80美元，上一笔交易完成的价格是80美元。他喊道："我能以79.875美元卖给你500股。另外再以79.75美元卖出一些股票。"另外一名经纪人说道："我以79.75美元买入200股。"又有人说："我要以79.5美元买入500股。"得到的回应是："成交。""我要以79.5美元再买入500股。""成交。我一共在79.5美元卖给你1000股，另外我要以79.375美元再卖出500股！"此时又传来了一个声音："我要在79.375美元买入100股。"传来的回应是："成交。""我要以79.25美元买入500股。"很快又传来了回应："成交。"

第五章 成交量及其意义

这次令经纪商引以为豪的操作，在股价上的表现如下所示：

开盘价80美元。

在79.875美元价位卖出了500股。

在79.75美元价位卖出了200股。

在79.5美元价位卖出了1000股。

在79.25美元价位卖出了500股。

如果股票在79美元的价位遇到了强烈的支撑，在股价记录带上就会出现这样的记录：

在79美元价位卖出了1000股。

在79美元价位卖出了500股。

在79美元价位成交了800股。

在79.125美元价位成交了300股。

在79美元价位成交了1000股。

在79.25美元价位成交了500股。

在79.5美元价位成交了200股。

这说明了在79美元这个价位上的买入需求数量超过他想卖出的数量（举例来说：在79美元这个价位上，在他卖出的数量之外还有1000股的买盘委托）。通常而言，经纪商遇到这种难题的时候往往会离开交易人群一段时间，去打电话把这种情况告知给他的委托人，他离开的这段时间可能会出现一波反弹，因为股票不再面临着抛压，同时那79美元价位上的巨额买盘给广大场内交易者注入了一针强心剂，这群场内交易者会将股价抬高到79.5美元，因为很多人认为在这只股票上有做多获利的机会。

再举一个例子，有两名经纪商进入了交易人群，一个想要打压股价，而另外一个想要买入股票建仓。他们两人互为交易对手，以下是股价记录：

开盘价在80.125美元至80美元之间。

在79.875美元价位成交了200股。

在79.875美元价位成交了1000股。

在79.625美元价位成交了200股。

在79.75美元价位成交了500股。

在79.75美元价位成交了300股。

在79.5美元价位成交了1500股。

在79.25美元价位成交了500股。

在79.125美元成交了100股。

如果我们参与场内交易就会发现，一个经纪商在通过卖出股票打压股价，另一个经纪商在抓住任何机会买入卖盘上的低价股票，我们没法猜到这只股票的下跌会持续到什么时候，但这些信号的出现给了我们一个提示，提示我们密切关注何时会出现转折点，转折点出现的时候就是我们应该买入的时候。盘口解读者不会在乎一波股价波动到底是由谁造成的——操纵者、一些场内交易员、广大公众投资者，或是以上几者的合力，股价记录带上的数字代表着所有市场参与者所持观点的集合，操纵因素以及供需因素都体现在其中。

衡量委托卖盘和委托买盘数量的方法根植于头脑中，我们可以在任何一个交易时刻通过股价记录带上的数字所给出的信号识别出股价最有可能向哪个方向运行，是升还是跌。但这种判断不是一成不变的，一波突然的买入或卖出都有可能使我们不得不改变原计划，并秉承中庸而理性的态度制定出新的计划。

这些来自交易量的启示并不总是那么明确，也不是万无一失的。通过某一只股票上的信号来推断其他的股票是不明智的。有很多情

第五章 成交量及其意义

况下一只股票正在上升，而其他一些活跃股票的交易量表明它们正在随着市场的大趋势而出货，这种情况在流通盘很大或很小的股票中都经常发生。特别是在一波大波动的转折点，此时的建仓和出货都需要几天的时间才能完成。

交易量可以通过《华尔街日报》上的报告来获得，但最好的研究方法是从股价记录带上获得这些数据。如果你无法在交易时间内在股价报价机前盯上5～7个小时，你不妨把股价报价机设为持续工作状态并让它记录下全天的股价，然后利用闲暇时间再好好研读这些股价信息。在这种不能投入全部精力用于股票交易的情况下，你应该把交易规模缩减得越小越好，但是一定要用真实的资金，而不是模拟资金。

前面所阐述的交易量规则能够有效地指示出转折点。本书最后一章（第十二章结束交易）中就有一个这样的例子，在这个例子中，里德铁路股票的交易量突然与市场中其他股票的交易量及其之前的交易量失去了平衡。

当时盘面详情如下：

在143.625美元价位成交了700股。

在143.75美元价位成交了500股。

在143.625美元价位成交了5000股。

在143.75美元价位成交了1700股。

在143.625美元价位成交了200股。

在143.75美元价位成交了4300股。

在143.875美元价位成交了3700股。

在144美元价位成交了100股。

午间12:00时，情况发生了变化：

在144美元价位成交了5000股。

在143.875美元价位成交了1300股。

在144美元价位成交了3000股。

在144.125美元价位成交了5000股。

在144.25美元价位成交了2100股。

在144.125美元价位成交了2200股。

在144.25美元价位成交了3500股。

在144.375美元价位成交了4000股。

在144.25美元价位成交了3000股。

在144.125美元价位成交了2500股。

在144美元价位成交了3500股。

在144.125美元价位成交了400股。

在144美元价位成交了1000股。

在144.125美元价位成交了500股。

在144美元价位成交了1100股。

在144.875美元价位成交了2000股。

在144.75美元价位成交了2500股。

在144.625美元价位成交了1000股。

尽管表面上看来买盘仍然占优势，但是此时来自卖方的阻力（不管是真实的还是虚假的）已经过于庞大，难以克服，股票价格随之回落到144.375美元。股价再次上行的过程中伴随着较大的成交量，但是股价记录上出现了异常的交易，同时其他几只龙头股对其上涨并没有相应的配合。这种市场操纵情况提醒投资者在做多的时候一定要加倍谨慎。里德铁路甚至在股价开始回落的时候仍然保持了比较大的成交量，但是大量的股票是以卖盘价格成交的。在股价上行的

第五章 成交量及其意义

过程中成交量一直在放大，股价下行之时成交量却很小，而当股价回落到144.375美元时情况发生了反转，股价下跌时成交量放大而股价上涨时成交量却很小。

研究小规模的成交量同研究大规模的成交量同等重要。小规模的成交量就如同箭上的羽毛——它意味着一支"箭"的主要部分已经到此为止。换句话说，较小的成交量总是能够提醒我们市场的下一波走势什么时候能够开始。举个例子：在里德铁路股票（上例）前几笔交易中，市场的买卖盘情况是143.625美元对应143.75美元，接着变成了143.75美元对应143.875美元，而后变成143.875美元对应144美元。在下跌过程中买卖盘对比变成了144美元对应144.125美元，在这个价位上，小规模成交量在衡量价格所面临的压力时有重大的价值。

像太平洋联合公司、里德铁路、美国钢铁这样的股票，通常会在转折点上出现25000至50000股的成交量，因为当股价在上涨或下跌过程中遇到阻力之后，必须需要这个规模的成交量才能够化解阻挡原趋势的力量，推动股价向原方向运行。正如你走进一个满是山丘的乡村之中，发现一条小溪在地面上静静地流淌，这条溪流很细，你只需用一只手将它截住就能使它发生逆流，然而在大约5分钟之内它就聚集了足够的能量冲过了你的手造成的阻力，从手周围流淌而过，此时你抓了一些土，在小溪的流淌路径上筑起一个小的土堆，并暗自得意道："这个小堤坝足以把你挡住了吧！"但事实出乎你的意料，第二天你发现这个小堤坝被水冲没了。此时你又挖来很多泥土并堆起了一个很大很结实的堤坝，这样一来水流就真被截住了。市场上的个股也是同样的道理，价格总是会向着阻力最小的方向运行。如果里德铁路的价格正在上涨，此时有人卖出了10000股，这并不会对价格走势产生什么重要影响，接下来又有20000股被卖出，股价走势停顿了，但是最终化解了这股阻力。而后卖方下达了第三个卖出指令——向市场再卖出30000股，如果此时的市场中有30100股的买盘，买方力量就会消化这30000股的卖盘，并且促使股价继续走高；如果买盘只有29900股，股价就会走低，因为供给已经大过了需求。

这种情况似乎此时在里德铁路股票上已经发生了。这只股票是否已经被大机构所操纵已经不重要了，最终的结果是卖方力量占据了主导地位。

当操纵者在工作的时候散户投资者和场内交易员也都没闲着，反过来看也是一样：所有人所持有的股票在股价记录带上看起来都一样。

当一条小溪穿过了堤坝，它就进入了一个新的区域。所以说对于股票而言，突破形态有着非常重要的意义，因为它意味着阻力位被攻克。所攻克的阻力位越强劲，股价突破后马上遇到新的阻力位的可能性就越小。"堤坝"并不是一个挨一个地分布，所以当我们发现股票进入一个全新区域的时候，最好的策略是跟进，特别是当股票有效突破的时候，同时它也会带动市场中其他同类股票的上涨。

我们可以通过每天阅读证券类报纸来获得成交量的信息，每分每秒的交易信息在分析行情时是最有效的工具。但在分析时务必使用当前正在交易的股价记录，因为这样的话你接收信息的速度是最具时效性的。市场在顶部和底部时相对的活跃性能够有效指示出市场在技术上的位置，举例来说，在下跌趋势中，如果股价表现活跃而且成交量巨大，说明已经出现出货情形了——不管是主动出货还是被动出货，如果接下来的反弹力度较弱，而且成交量很小，那就更加证实了这种出货行为。在活跃的牛市行情之中，股票价格的涨

第五章　成交量及其意义

势如果戛然而止并伴随出现巨大的成交量,但是在反弹的时候成交量依然低迷,就像潮水一样,涨潮时猛烈而退潮时力度很小,这样的话就很难期待市场能有良好的表现。

另一个走势力度的信号可以通过观察活跃股票各笔成交量的差别来获得。比如:

在180美元价位成交了1000股。

在180.125美元价位成交了100股。

在180.375美元价位成交了500股。

在180.5美元价位成交了1000股。

由此可以看出,在180.125美元价位只成交了100股,在180.25美元价位没有成交,而在180.375美元价位只成交了500股。从180.125美元到180.375美元的跳跃说明股价上方没有压力,而且买方力量持续活跃,投资者等不到股价涨到180.25美元就迫不及待地买入,跳空追高买入也在所不惜。从另一方面来说这也显示股价在底部缺乏一定的支撑。

每一种指示都可以在一定程度上凭借周围的环境而得出判断。股价记录带给出了一连串含有指示信号的图片,各幅图片背后的含义各异。这些指示性图片表达信息的语言对于门外汉投资者而言是陌生的,但专业的盘口解读者却能对这种语言一目了然。

很多读过之前章节的读者都会有一种误解,认为在大多数不同种类的市场中都能凭借成交量做出有效的判断,他们往往错误地得出结论,认为所有的交易者都应该坐在报价机前边观察买盘和卖盘哪一方的成交量比较大,这种想法是错误的。在旧的交易规则之下,一个想要造成股价上升趋势的买家可以挂出1000股或者任意一个巨大数量的卖盘,所以没人能同样的价格或更高的价格将股票卖给他,除非这个买家自己想买。而在现有的交易规则下，如果他挂出这1000股的卖盘，除非他向经纪人强调"我要全部买进这1000股，要不就全都不买"，不然的话，如果他想进行其他的操作就必须自己买入这1000股中的一部分。这种新的交易规则，以及其他一些关于抑制操纵市场的严格规定消除了单边市场中很大一部分的对倒交易和市场操纵。而通过对倒进行市场操纵是哈里曼财团、标准石油集团以及其他一些小型操纵者或场内交易者的惯用伎俩：先挂出大量的卖盘再用另外的账户将其买入，从而造成成交量巨大的假象。但是如今新的规则大大减少了这种成交量，也减弱了这种信号的有效性，如此一来，虽然成交量信号对观察力很强的盘口解读者而言仍然很有意义，基本的交易规则也没有变，但是也不能完全依赖成交量做出判断。

我们所讨论的成交量在市场操纵盛行的时代是一个较为重要的信号，因为操纵者必需交易很大数额的股票，而他们的交易必然会在成交量上留下痕迹。一次完整的做多操纵行为大体上分为三个部分：买入、建仓；拉升股价；出货。而做空操纵也可分为三部分：卖出股票；打压股价；买入股票。

这三个阶段中的任意一个阶段都不能独立于其他两个阶段存在。操纵者必须交易很大数额的股票，不然的话他在时间、风险和花费等这些方面的成本都是不划算的。建仓行为会通过价格记录带上的股价波动和成交量显现出来。操纵者不会立即买入所需的所有股票，整个建仓行为可能是要用几个星期或几个月才能完成的，期间也许会出现很多低价买入的机会。必要的时候他还可以通过别人的账户为自己买入股票，只需支付别人一点利息即可。

另外，他的资金也是能够自由运用的。当拉升开始的时候，他

第五章　成交量及其意义

在上升趋势开始的时候将资金介入并开始拉升，直到股价出现滞涨和出货信号。经过了前两个阶段，在第三个阶段时他已经赚得盆满钵盘。如果把这一系列操作用案例说明（我在别的章节中会举出这样的例子），就会对操作者有很大帮助，特别是当这种操作持续时间很长的时候，交易者因此能以鸟瞰的视角将这一连串操作都关联起来做出整体判断。

第六章　市场技术

1909年2月27日是一个星期六，那天上午大盘比前一天的收盘价小幅高开。里德铁路是当时最活跃的股票。在股价达到123.5美元之后缓缓跌到了122.5美元，这个位置是一个极好的做空点位。这个指示信号在价格达到122美元时得到强化，在达到121美元时得到进一步的强化。当股价继续下跌到119美元时已然形成了一波下跌趋势，接下来出现了1.125美元的快速反弹。

市场刚刚从2月上旬的一波下跌中恢复过来，就发生了这波猛烈的下跌。这对其他的龙头股有什么影响呢？太平洋联合公司的股价只下跌了0.75美元，南太平洋铁路公司股价下跌了0.625美元，美国钢铁下跌了0.625美元。这说明它们在技术上仍然是强势的；换句话说，持有这些股票的人们把三个点的下跌看成一件无所谓的事。如果这波下跌发生在里德铁路处于145美元的时候，或发生在处于185美元价位的太平洋联合公司股票上，那对其他股票的影响效果一定会大大不同。

为了勘探出矿山的矿产含量，勘探者往往会用金刚石钻头进行挖掘。这就提供了一个线索，可以由此看出表层之下到底蕴藏着什么。如果我们可以像勘探者一样从未来上涨趋势的顶部深入进去，就可以发现美国钢铁、里德铁路以及其他股票在顶部时的浮动卖盘，都是由这些股票处于拉升阶段时大量买入的那些交易者所抛出的。这些人用相对较小的保证金进行交易，敏感而又缺乏经验，所以说这类的交易者是非常脆弱的，他们所操作的股票在市场发生下跌时也会发生最猛烈的跌势。

下列表格数据非常有趣：

	上涨（美元）	下跌（美元）	跌幅/涨幅(%)
太平洋联合公司	84.25	12.375	14.7
里德铁路	73.25	26.375	33.6
美国钢铁	36.25	16.5	44.6

以上数据显示散户投资者大量持有美国钢铁的股票，而对里德铁路的持有量则较少，对太平洋联合公司的持有量更是微乎其微。换句话说，太平洋联合公司在面临市场压力时，通过其良好的支撑性表现出了技术上的强势，而里德铁路和美国钢铁在市场下跌之时却几乎没有还手的余地。

不管是市场还是个股，我们都可以通过其在关键时刻的表现来对其做出合理的判断。如果大型机构在太平洋联合公司股价处于120美元以下时进行建仓，随后又在180美元以上时抛售出货，那么股价从最高点算起会回落30美元，因为股票已经从强势的大机构手里转到了弱势的公众投资者手中。因为观察到股价没有出现巨大的跌幅，而只是出现了与前期相比微乎其微的回调，盘口解读者就可以断定股价在后期还会继续上涨并出现新高；股票的市场下跌期间表现出了一定程度的防御力并且在不久的将来有望创出较大的涨幅。

即使太平洋联合公司股票注定会在两个星期内出现30美元的涨幅，一些事情也有可能会把这波上涨推迟相当长的一段时间，所以

第六章 市场技术

盘口解读者必须从广泛的视角做出全盘的考虑。如果他有足够的时间和资金，他就必须把这些资源都投入到能给他带来最大回报的地方。如果他寻求到了一个好的机会，发现有一只股票能够在几天或几个星期之内给他带来比他观察的其他股票多10个点的收益，那就应该果断地追随这只股票的趋势并实现盈利。

龙头股的长期上涨趋势或长期下跌趋势往往会被深幅而快速的反向趋势所终结。以1909年2月23日的下跌为例：里德铁路股价从128.75美元下跌到了118美元，美国钢铁股价从46美元下跌到了41.25美元都发生在一天之内。而太平洋联合公司股价从97美元缓慢爬行到了112美元后达到顶点，继而出现了7美元的深幅下跌。

诸如此类的例子多得不胜枚举，而大盘也会发生类似的事情，意料之外的猛烈走势时有发生，如果这种猛烈的走势发生在长期的上涨或下跌行情之后，往往就意味着上涨或下跌的行情已经到达终点。一只股票往往会通过它在面临下跌压力或上涨动力时的表现告诉盘口解读者它意欲何为。举例来说：1909年2月19日，那是一个星期五，美国钢铁公司这一天发布消息说公司将进军冷轧钢产品市场，第二天，全国人都知道了这个消息。盘口解读者在第二天开盘之前就会对这个消息做出仔细考虑——这个消息是众所周知的，美国钢铁股票和整个大盘对这个消息最正常的反应是出现反弹。美国钢铁昨天的收盘价是48.375美元，而大盘的走势很大程度上取决于这只股票的表现，所以应该拭目以待美国钢铁的表现。一开盘，美国钢铁的开盘价比昨天的收盘价低了0.75美元——这对昨天的那条消息而言，是个很正常的反应，接下来真正的强弱角逐将会上演。在开盘后的十分钟里，美国钢铁在股价记录带上留下了这样的记录：

在47.875美元价位成交了200股

在47.75美元价位成交了4500股

在47.875美元价位成交了1200股

在47.75美元价位成交了1500股

最后，价位稳定在47.75美元这个水平，再后没有什么别的波动，股价在47.75与47.875美元这两个价位之间来来回回了18次。

与此同时，太平洋联合公司股票以177.5美元开盘，随后表现出了反弹态势，并带动了市场中其他股票的上涨。太平洋联合公司的上涨能不能带动美国钢铁的上涨呢？这就是个值得研究的问题了。目前有两股相反的力量，盘口解读者就像鹰隼一样审视着一切，试图找出趋势的方向并跟随相机而动。太平洋联合公司从开盘起上涨了0.875美元，南太平洋铁路公司也很配合地出现了上涨，但是美国钢铁却没能与之形成呼应，其股价没有一次能够脱离47.75~47.875美元这个空间，连100股都不曾以48美元以上的价格被售出，这说明股票在47.875美元的价位发生了大量交易，一点儿反弹的力量都没有，虽然这只股票是由哈里曼财团所操纵的。

太平洋联合公司的股票试图以最后的努力引发市场跟随：在178.5美元价位成交了2000股。

而美国钢铁的股票则以突然下跌作为回应：在47.625美元价位成交了800股。

在盘口解读者眼中，这就是做空的信号。他立即在47.5美元价位和47.375美元价位下了做空指令，因为在这两个价位上的成交量都非常大。太平洋联合公司股票也显现出了明显的颓势，就像被巨石压住了脖子一样，股价缓缓跌到178.75美元、178.25美元、178.125美元，最后跌到了177.875美元。

美国钢铁股票逐渐在低价位上聚集压力。接下来的几笔成交如

第六章 市场技术

下所示：

在47.5美元价位成交了6800股。

在47.375美元价位成交了2600股。

在47.25美元价位成交了500股。

在47.125美元价位成交了8800股。

从此时开始，我们的龙头股列表上的股票开始了缓慢的下跌。里德铁路和宾州铁路是最弱的铁路股票。科罗拉多燃料股票也是一路狂跌，下跌幅度多达7美元，一些钢铁股票也同样如此。美国钢铁股票大多以买盘价格成交，价格一路走低。可见即便是基本面最好、最受投资者欢迎的股票也难以在这波跌势中幸免。

在这两个小时的跌势之后，市场以最低价收盘，美国钢铁收盘于46美元，留给广大投资者的是缩水的账户和一个倍加担忧的周末。在盘口解读者看来，股票将在下个星期二继续走低，目前还没有出现哪怕一点点市场复苏的迹象，而且在每天交易结束之前平仓是他必须遵守的操作纪律，所以他在47美元的价位将他的空头持仓平仓并离开（他最初的止损位是48.125美元）。在下一个交易日中，美国钢铁股票以卖盘44.75美元、买盘44.5美元开盘，并在这个交易日中创出了41.25美元的新低。

通过这段时期，我们能学到很多东西。成功的盘口解读是对市场力量对比的研究，这需要判断出多空双方哪一方更占优势的能力，而且交易者必须具备足够的勇气去跟随占优势的一方。在每一个波动之中都有一些关键点位，就像所有企业的发展历程和人的一生一样，在这些关键点位上，一根羽毛的重量也许就能决定最终的趋势。一个交易者如果能够识别这些关键的点位，那么他交易成功的概率就会增大而失败概率就会微乎其微，因为他每次都能在转折点或阻力位附近下达准确的止盈止损指令。

如果太平洋联合公司股票能够延续上涨趋势，得到上涨动力、成交量以及利好因素的支持，则美国钢铁股票走势所带来的不利影响就完全可以被克服。这完全是上涨动能强弱的问题，而美国钢铁的走势使太平洋联合公司股价走低。研究股票对刺激因素和外界影响的反应，这对盘口解读者而言是最重要的功课之一。这种研究对断定市场所处的技术位置而言是一种非常准确的指示。

对盘口解读者而言，究竟是什么因素造就了对股票走势的这些考验，或者说是什么因素造成了这些关键的转折时刻并不是那么重要，关键是股价对这些影响因素的反应。诸多影响因素频繁地出现或消失，盘口解读者做出准确判断并据此进行适当操作。如果一只股票被操纵到达了更高的价格，那么除非其他股票均支持其上涨，不然其涨势很难继续下去。除了特定的影响个股走势的因素之外，我们还应观察其他股票以判断大型机构投资者在关键位置是在建仓还是在出货。如果一只股票在面临重大利空时依然没有大幅下跌，就说明内幕交易者在下跌时进行了买入，并且打算在后市继续买入。

证券交易商辛迪加集团的一个成员有一次对我说："明天我们打算逢低买入股票。"我问："那些不愿意继续持有股票的人会不会大量地抛售呢？""哦！"他回答，"我们知道所有人所持的立场。如果一些想要抛售的人卖出了1000股，或者是我们集团中的企业卖空了1000股，那么在合适的时候我们还会再把这1000股买回来。"这提示我们要好好考虑内幕交易者对股票所持的态度。

而股价记录带上的盘口记录往往能够揭示内幕交易者的态度。一家专注于揭发丑闻的杂志有一次刊登了一则消息，说洛克岛公司的股价由于受贿传言的影响会跌到28美元，这则消息的作者无法证

第六章 市场技术

实这则由内幕交易者所传出的消息的真实性,也无法解释当时在这只股票上的交易信息。当时这只股票的交易情况对不熟悉盘口解读的交易者而言是不可理解的,但是我们可以清楚地看出当时大宗交易的情况:企图在股价下跌时大量买入。当时的交易规模非常巨大,完全超出了与这只股票所代表的资产规模及其浮动卖盘数量的正常比例。

对于盘口解读者而言这意味着什么呢?在10个点的下跌和极小的反弹之后,一日之内就发生了巨额的成交,如此巨额的成交量代表有人在大量地买入股票。如果这只股票上存在操纵行为的话,操纵者的目的显然不是在如此低的价位上清仓出货。

通过预测出一些不常见的影响因素,盘口解读者就可以得出正确的结论。有一类人往往会对市场进行一些测试,我们目前为止尚未对这类人做过讨论,这类人就是场内交易者。这些聪明的家伙们通常会时刻保持警惕,试图寻求市场的弱点,他们通常都是喜欢做空的。如果他们发现一只股票缺乏买盘支撑,就会在整个大盘处于弱势的时候发动袭击,并将所造成的跌势蔓延至其他股票,带动其他场内交易者发动全面的做空,引发市场的回调或大幅下跌。如果已经实现了做空收益,他们就会快速地以卖盘价格买入股票,将空头持仓平仓。

通过持续进行这种观察分析,盘口解读者就可以清楚地看出多方、空方哪一方蕴藏着最大的获利机会,这样一来就不太可能发生亏损。市场中的其他参与者相当于做了他想做但单凭他一人做不到的事情。作为日内交易者,最关心的当然是日内小波动,但同时也应该密切关注市场中更大的波动并对其善加利用。当市场上恐慌情绪蔓延时,他应该意识到此时蕴含着发生多头行情的机会,在价格

威科夫超短线交易秘诀

开始缓慢上升时采取适当的操作，并在牛市最后一波大幅拉升后获利了结。同理，在牛市中通常会发生2~5个点的回调，他也应该考虑如何利用这种机会获利。

盘口解读者会寻求龙头股下跌10~15点所带来的获利机会，一年累计下来会有至少25个点的收益。当这种情况真的发生以后，他会知道下一步该做什么。在一波牛市之中他会期待一波10个点的下跌之后至少会发生相当于此次下跌一半幅度的反弹，如果反弹态势能够持续，所有的下跌幅度都会被收复，甚至比原先还有所上涨。如果股票没有发生应该出现的反弹，他就应该意识到下跌态势难以被改变，因此可能会发生更大幅度的下跌。

以美国冶金公司为例，几年前它出现了99.625美元的顶部，继而在利空传言的影响下持续下跌到了79.5美元。如果操作者一直关注这只股票，他会很自信地期待这只股票反弹到89美元。下跌的幅度是21.625美元，理论上说至少应该反弹10.75美元，最后美国冶金反弹到了89.375美元。

当然，这些都只是投资之旅中的各个路标，盘口解读者在进行真实交易的时候只选取最确定、获利可能性最大的那一个，但那些被弃之不用的路标也有其价值，就是告诉盘口解读者应该避免什么。举例来说，当美国冶金股价下跌了15美元的时候，他应该对做空抱有非常谨慎的态度，即使此时的空头信号已经十分明显。如果此时做空的话可能还可获得几个点的利润，但是他应该意识到这个位置上每下跌一个点，股价就离转折点近了一点，而且在如此猛烈的下跌之后，最好的赚钱方式就是等待合适的时机进行做多。再举一个例子：里德铁路在1909年1月4日的股价是144.375美元。1月月末的时候股价达到了131.5美元，到2月23日的时候又下跌了10个点，到

第六章　市场技术

了118美元，如果算上股利的损失则相当于下跌了24.375美元。正如之前所说的，这只股票看上去像是一个不错的做空标的，在下跌趋势伊始和末尾都是如此。但成熟而谨慎的投资者会等待买入信号的出现，因为这个价位上做多的风险要小得多。

市场几乎不会出现连续三四天的上涨或下跌的单边运行而中途没有回调或反弹，所以盘口解读者必须意识到，单边趋势持续的时间越长，他依靠波段趋势获利的机会也就越小。股价的日内波动给盘口解读者提供了最好的获利机会，但是必须要选择波动幅度足够大的股票，这样才能保证足够的利润。正如拿破仑所说："精明的人能从一切事物中获利，从不放过任何获利机会。"

有一次我发现一个仅通过时间来做出买卖决策的投机客。他对股价的日内波动毫无认识，他的交易方法就是在每天中午12点买入，在下午2点卖出。虽然看上去很盲目，但大多数场外交易者的交易方法并不比这好多少，这也正是大多数场外交易者亏损的原因。高手级的盘口解读者与这种人恰恰相反，其交易策略也比这些盲目的方法高明很多，他会利用科学的方法和技巧寻求利润，也明确地知道自己所处的位置以及应该何去何从。

第七章 不活跃的市场及其蕴含的机会

许多人都倾向于认为股价波动不活跃的市场是缺乏获利机会的。他们声称:"我们的双手被束缚了,无法从买入的股票中抽身而出,如果早知道结果是这样我根本不会买进,因为在这样的市场中根本连一美元的获利机会都没有。"

持这种观点的人并不是盘口解读者。事实上,不活跃的市场能够提供巨大的获利机会,我们需要做的只是抛开对不活跃市场的成见,并且挖掘表层之下的获利机会。

大盘或者个股的不活跃代表着可以推动上涨或者下跌的力量暂时达到了平衡,对此最好的比喻就是将市场或个股比作即将停止运行的时钟——其钟摆渐渐地趋向于停止,钟摆的运动幅度越来越小并最终消失,如图7-1所示。

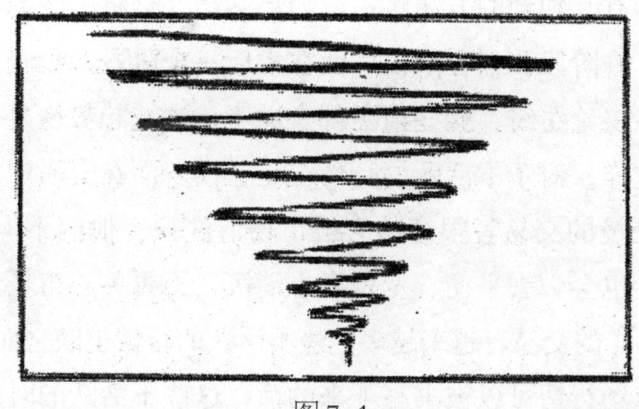

图 7-1

把这张图表翻转90度(图7-2),你就会发现当市场或个股处于最不活跃的时候会呈现出什么形态。

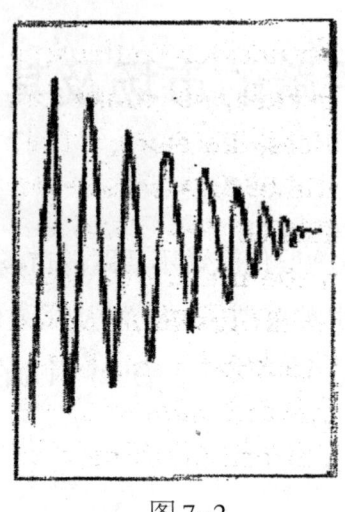

图7-2

这种交易不活跃的情况时常发生在一波牛市上涨行情之后。人们在牛市当中赚钱,利润呈现出金字塔形的增长,在股价到达顶部的时候已经大赚一笔。由于此时几乎所有人都满仓,相对而言很少有人还在买股票,所以说此时即便是没有造成下跌的利空消息出现,股价在没有买盘支撑的情况下也会不可避免地出现下跌。

大自然有其独到的方法将一波趋势终结,会将一波趋势分成起始阶段、上升阶段和消亡阶段,而在最后一个阶段,投资者会变得头脑发热、议论纷纷,这些情况都有助于让这波趋势恢复平静。对于趋势是这样,对于不活跃的行情也是这样。而在交易中将自己置身于不利处境的交易者很容易会被市场清洗掉。他们不但会输钱,而且心态上也会失去平衡,变得意志消沉,不再关心市场走势和交易,随着这样的交易者越来越多,最不活跃的行情也随之而来。

如果市场行情可以被书写下来的话,这些不活跃的时期就标志

第七章　不活跃的市场及其蕴含的机会

着每一章节的结束，因为真实的情况是这样：推动形成一波走势的各个因素在初期非常活跃，但在推动走势经历初始期、高峰期和衰退期后，其力量逐渐消失。此时的股价就进入了一个平衡阶段，会在一个平衡的价位上持续几个星期的时间，直到有别的力量将这种平衡打破为止。

当市场正处于一波大的走势之中时，没有人能明确指出它将运行多远。但是当股价进入平衡阶段时，我们却可以知道从平衡期的某个点位开始，市场将会出现上涨或下跌的单边运动。有很多种方法可以识别这种单边运动的方向，其中一种就是之前章节里所讲的分析市场在技术形态上的强弱。1909年3月的市场正处于平衡阶段，而此时在巨大的市场压力面前它表现出了很强的支撑性能，接下来就发生了一波大幅上涨，各个龙头股的股价均大幅上涨。

里德铁路股票就是这样，在120美元的价位上发生了频繁而剧烈的洗盘。当内幕交易者进行洗盘使得散户纷纷出逃就意味着他们想要买入股票，此时就是我们良好的介入时机。当一个不活跃的市场难以支撑起一波反弹时，或者它对利好消息没有积极的反应时，它在技术上就处于弱势，如果没有什么重大影响因素改变其态势的话，它接下来的走势一定是下跌的。从另一方面来看，当股价日益走强的时候，当空头走势未能迫使持股者大量卖出股票时，当股价面临重大利空消息却不发生明显下跌时，我们就可以期待市场在不久的将来将出现上涨行情。

没人能够准确指出不活跃的市场会在什么时候变得活跃，因此交易者必须对它保持持续的关注。"市场现在陷入了死一般的沉静，今天已经没必要看盘了，昨天各大龙头股的波动还不到一个点，这样的市场根本就是无利可图的。"如果交易者说出这种话，那就再傻不过了。这种思考方式会使交易者失去最好的交易机会——在大级别上涨之前以最低价位买入。

举例来说：在之前所提到的里德铁路股票的建仓阶段，股价在120美元至124.5美元之间波动，有一天股票突然在125美元左右的价位给出了主力吸筹完毕的信号，继而开始进入拉升阶段，之前没有任何征兆。盘口解读者会事先考虑到，在一只股票上建仓吸筹只有大型机构投资者才能够办到，这些机构投资者在里德铁路股票显示出拉升信号之前一定已经吸纳了大量的股票，出于利用买卖价差获利的目的，机构投资者将会买入多于其正常持仓量的股票，一部分作为底仓长期持有，另一部分用于对倒拉升股价，当把股价拉升到远超出买入价的满意价位后开始清仓卖出股票。而盘口解读者察觉到这些大玩家的出货行为后，也应该相应地卖出股票。

这样一来，盘口解读者就能在一次股票操纵行为中获得最大量的利润。换句话说，他可以很自豪地讲："当机构投资者卖出的时候，我也随之卖出并获得利润。"他会对股票操作抱一种轻松的态度，他可以发现机构操纵者的建仓行为，并且知道他们的买入行为会化解绝大多数的浮动卖盘，因为没有了卖盘造成的压力，所以早晚都会出现快速的上涨。

如果盘口解读者没能持续地关注市场走势，而是过早地介入了交易，他的获利机会就会大大减少，因为在过早介入的情况下他不可能重仓买入股票。1909年3月26日，那是一个星期五，这一天里德铁路和太平洋联合公司这两只龙头股的走势要多沉闷有多沉闷。里德铁路开盘于132.75美元，最高点是133.25美元，最低点是132.25美元，收盘于132.625美元。当天最活跃的股票是比特糖业、堪萨斯南部城市铁路等。

第七章　不活跃的市场及其蕴含的机会

第二天，市场的开盘情况表明前一天的沉闷态势继续重演，开盘时的成交量极小，股价波动也非常小。我们看一下当时的情况：波音公司、沃拔什公司、密苏里太平洋公司的股价上升幅度都仅有0.375或0.5美元。太平洋联合公司股价高开0.125美元，而里德铁路低开了0.125美元。比特糖业低开了0.625美元，开盘时的成交量是32手。里德铁路的成交情况是在132.25美元成交了1100股，在132.375美元成交了800股。太平洋联合公司在181美元成交了800股，而后又在181美元成交了400股，在181.125美元成交了200股，在181美元成交了400股。美国钢铁股票在45.5美元、45.125美元两个价位上的成交均为100股。而波音公司在109.875美元的开盘价上成交了100股。

市场陷入了死一般的沉寂之中，大多数股票每笔成交只有100股，然而，这就是我们发现市场未来走势的线索！里德铁路在132.5美元成交了2300股，在132.5美元又成交了2000股，在132.625美元成交了500股。市场已经从死一般的沉寂中走出来，大量的股票以卖盘价格成交，这种情况毫无疑问证明了市场的复苏，盘口解读者此时也会毫不犹豫地以市场价买入里德铁路股票。不管里德铁路股票表现如何，其他股票响应的速度在此时还是较缓慢的。纽约中央公司股价在127.25美元之后到达了127.5美元，并在此价位上成交了500股，对市场有略微的提振作用，随后比茨公司价格到达了33.25美元，美国钢铁到了45.125美元，美国铜业到了77.25，比刚才的情况略有好转，之后里德铁路在132.5美元成交了300股，美国钢铁在4518美元成交了1300股，太平洋联合公司在181.5美元成交了700股，纽约中央公司价位到达了127.625美元，在127.75美元以及127.875美元都成交了600股。整个市场出现了转机。接下来太平洋联合公司在181.5美元成交了900股，里德铁路在132.75美元成交了100股，美国铜业在71.5美元成交了700股，里德铁路在132.875美元成交了800股，在133美元成交了100股，在133美元成交了900股，在133.125美元成交了1100股……片刻之后里德铁路又在133.25美元成交了1500股，在133.5美元成交了3500股……此时的趋势已经不言自明。

整个市场对里德铁路的上涨都产生了反应，这一轮上涨在力度、成交量以及涉及股票的广度上都稳步增加。在大幅的上涨当中平仓卖出行为也是一个不容小觑的因素。从此时的盘面来看，很多人都在卖出比特糖业转而买入大公司的股票。圣保罗铜业和美国冶金的股票有了略微上涨。在上午11点左右，市场出现了短暂的停顿，看起来像是在为下一波大幅上涨聚集力量。此时的市场并没有呈现出深幅的回调或任何弱势形态，里德铁路和太平洋联合公司分别在133.25美元和181.375美元的价位上获得支撑。

市场上并没有卖出信号出现，所以盘口解读者继续像持枪的猎手一样严阵以待。随后买入行情再次显现，里德铁路的股价从133.375美元涨到133.5美元、133.625美元，再到133.75美元，太平洋联合公司到了181.625美元，纽约中央公司到了128.5美元，而后在128.25美元成交了700股，太平洋联合公司在181.5美元成交了1000股，在181.625美元成交了3500股，在181.875美元成交了2800股，在182美元成交了4100股。美国钢铁股价达到了45.5美元。从此时开始，直到收盘，市场上只有一个局面——那就是牛市，几乎所有的股票都以阶段性最高点收盘。里德铁路收盘价达到了134.375美元，太平洋联合公司收盘于183美元，美国钢铁收盘于46.125美元，纽约中央公司收盘于128.875美元，其他股票也有不同幅度上涨。市

第七章　不活跃的市场及其蕴含的机会

场已经形成了迅猛的上涨态势，除非出现重大利空消息，不然星期一肯定是以高价开盘，此时盘口解读者就可以选择在高位清仓卖出，星期天之后再找机会介入。

所以，从这个例子中，我们可以清楚地看到观察不活跃的市场并在股价突破时买入这种方法所具有的优势。交易者可以在龙头股的图标上画两条线，一条是不活跃时期股价波动形态的高点连线，一条是低点连线，当股价向上突破或向下击穿这两条线的时候就买入或者卖出。因为当一只股票从狭窄的波动区间中脱离出来，就很明显地表示建仓买入或者出货行为已经完成，新的市场力量开始发挥作用。在一波新趋势开始的阶段，这种力量是最有效果的——因为开启一波趋势所需的力量远大于维持这个趋势所需的力量。

有一些读者可能会认为我所举的例子都是股价已经形成后的事后分析，盘口解读者在股价没有形成趋势的时候还是不知道何去何从。对此我想说的是，我所举的例子都是股价给出明确信号的例子，此时我们并不知道后市会发生什么，但可以根据概率最大的那个方向来行事。

在不活跃的行情期间，交易者还有一些别的处理方法，其中之一就是在股价达到支撑位或阻力位时试图赚取高低点之间的价差。坦白地说，对操作者而言这是一种危险性比较强的战法，特别是操作龙头股的时候更是如此，龙头股一天内的波动经常只有一个点。不过对一些习惯于频繁操作的交易者而言，采取这种交易战法总比闲着要强。如果用这种方法，最好是把股价记录在一张能够显示出全部股价波动的图之中，这张图要能够清楚地显示出支撑位、阻力位的位置，更能显示出股价的即时趋势。

图7-3中的股票以181.25美元开盘，所遇到的第一个阻力位是

181.5美元，股价下探到181.125美元也是一个预示下降趋势的信号，盘口解读者观察到这两个信号之后即可确定下降趋势即将确立，随后盘口解读者以当时的市场价181.25美元做空。股价曾尝试突破181.5美元的阻力位但没能成功，随后股价开始毫无悬念地下跌，一路上的高点和低点都在不断地下跌。

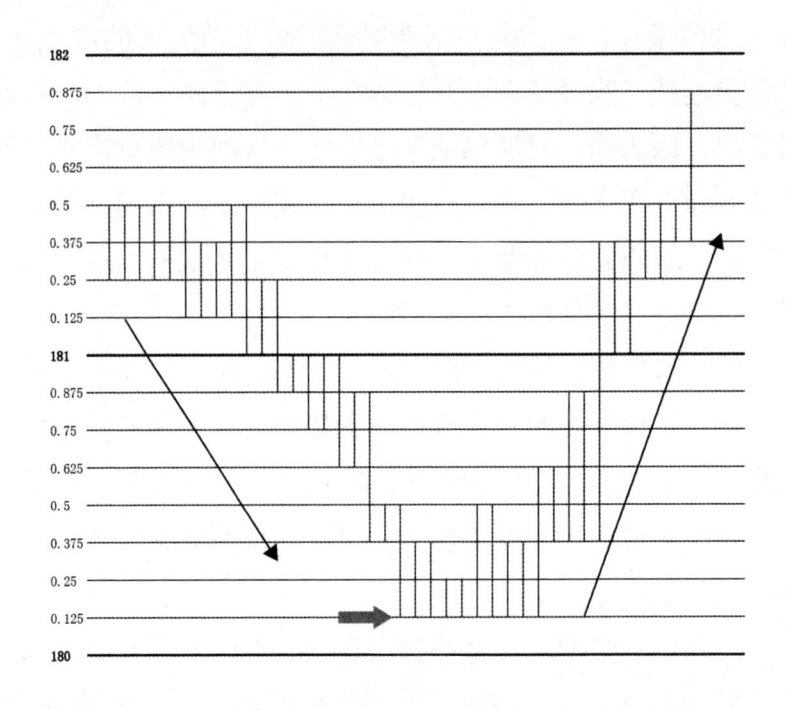

图 7-3

这种情况说明市场抛压十分沉重，足以让股价创出新低，也足以阻止能让股价突破前期压力位的反弹。在180.125美元的价位出现了一个新的支撑位，下降趋势已经被遏制住了，盘口解读者此时应该平掉空头持仓并转手做多——因为此时的趋势是上升的，价格已经到达了前期价格形成的支撑位，同时应该密切留意应在何时平仓。这一次，盘口解读者会对本次的上涨持谨慎态度，所以价格向上突

第七章 不活跃的市场及其蕴含的机会

破时他继续持有股票，但在进行第一笔交易的时候他在181.75美元的价位挂了卖单，在181.625美元的价位挂了做空指令，从而形成一个"双重卖单"。这样一来，如果价格攻克了181.5美元的阻力位，股价走得更高，那么他就选择继续持股；如果价格拐头向下，就在181.625美元的价位上做空。这种操作需要非常稳定的心态，如果操作者在这个过程中变得慌乱，那就应该好好学习一下情绪控制。

在价格拐头向下到达低点之后，应该在180美元和179.875美元之处再挂一个"双重买单"，因为在将空头持仓平仓之后，如果股价到达支撑位后向上突破，他就必须马上改变多空观点。如果他不这样做的话，就只是一个猜测者。一旦交易者开始执行了这个交易计划，就要始终如一地坚持，不能让其他的观点影响到计划的执行。

读者们一定要记住这种方法只适用于极度不活跃的市场，就像我们之前所说，这是一种危险系数很高的方法，我并不推荐。对盘口解读者而言，在不活跃的市场中通过在龙头股上做箱体高低点价差来获利并不是一种常规的战法。佣金、个人所得税以及所谓"看不见的八分之一"还有可能会发生的损失，这些都给交易者的操作带来了困难。如果想让盈利大于各个成本支出，股价就必须有足够的波动幅度。交易者在不活跃市场中最稳妥的做法就是静观其变，等待机会。"市场中从来不缺乏机会。"这是一句古老而真实的俗语。不活跃的市场中并没有人强迫我们交易，获利情况也不取决于交易的频率，而取决于策略是否成功。

还有一种方法可以在不活跃的市场中成功获利，这就是选择那些暂时相对活跃的股票来进行交易。盘口解读者一点都不会在乎所买的东西上贴的是什么标签，举例来说，有一只股票叫"哈尔曼山羊优先股"，目前这只股票上存在着市场操纵行为，那么敏捷的盘口解读者就可以通过它获利。不管这只股票代表的公司是经营铁路的还是经营射击俱乐部的，不管它的股利分配政策是正常的还是激进的，也不管它的简称是XYZ还是ZYX，只要它出现了买入信号并处于一个自由交易的市场中，就可以通过它来交易获利。

以1909年3月26日比特糖业的走势为例，这一天太平洋联合公司和里德铁路的股价走势极不活跃，但是比特糖业却非常活跃。即使是一个初级的盘口解读者也能通过在30美元左右的价格做多这只股票获利，并在当天的高点或第二天达到33.5美元的时候卖出获利。

1909年3月5日，堪萨斯南部城市铁路公司整个早晨的股价都在42.75美元到43.5美元之间徘徊。中午开盘之后不一会儿，这只股票就突然表现出了很强的活跃性，并且出现了极大的成交量。任何一个心智正常的人恐怕都不会认为这是成百上千的投资者在同一时刻一起买入所造成的，形成这种瞬间上涨现象的原因只能是市场操纵。股价的突然活跃、巨大的成交量和上涨趋势的出现都提示盘口解读者买入这只股票，操纵者已经露出了蛛丝马迹，盘口解读者应该马上买入，通过做多赚得利润。

这只股票的上涨行情不仅得以持续，而且其涨势还在某些特定的点位被强化了，这就给盘口解读者提供了逐步加仓买入的机会，同时应该在平均成本价附近设置止损单从而形成保护。如果第一次买入是在44美元，第二次买入是在45美元，第三次在46美元，他就可以在当天股价达到46.625美元时卖出，从而获得406.5美元的利润。

第八章　将图表作为指示器

我曾收到过很多关于如何使用价格图表的询问，下边这封信非常具有代表性："说到你发表在《华尔街日报》上的本书第一章中的股价图，我现在觉得它们在发现市场运动中的建仓和出货方面有非常重要的价值。我在华尔街谋生已经很多年了，像许多人一样，我经常对价格图表以及其他一些预测趋势的技术方法持有怀疑态度，但是通过对太平洋联合公司的分析，我发现如果按照图表中给出的信号指示进行交易，是可以赚到很可观的利润的。我记得你曾建议操作者研究公司的利润情况，不能仅仅凭图表做出决策，因为图表经常会给人误导。我很遗憾地说，对这个问题我很难同意你的看法。你经常说股价记录带透露了所有的信息；既然是这样的话，价格图作为股价记录的图形化表示，也应该记录了股票建仓吸筹和清仓出货的情况，那我们只研究图不就可以了吗？把研究公司利润的时间节省下来研究图岂不是更好？"

我们现在仔细审视一下这个关于盘口解读者的观点。首先需要说明的是，图表分析和盘口解读是有区别的，精明的盘口解读者每次操作一只股票的时候，都会以股票以往走势作为重要的参考，并且遵循自己的固定交易法则进行交易，他对待市场和股票的方法就像操作机器一样，他并不主观地判断市场情况，也不考虑其他股票

83

的走势，唯一需要做的就是根据当下的情况来谨慎地判断是否应该根据图表中的信号进行操作，一旦选定了进行操作的股票，他就不再需要铅笔、纸张、便笺纸或任何形式的记录工具。他当然也会有自己的交易法则——但是同以图表作为主要分析工具的交易者相比，他的交易法则并不是中规中矩，因为在盘口解读中可能出现的情况太复杂了，盘口解读中的交易法则渐渐地发展成了一种直觉，或者说是一种在长期的自我训练和实践中培养起来的第六感。

有个朋友曾经问我有没有这么一套交易法则，能让人知道在每个特定的交易时点都知道该如何进行操作，对此，我给出了如下解释：当你穿过一条车水马龙的街道时，电车将要开到你面前的时候，你是去询问规则还是立即躲开呢？一辆疾驰的马车向你驶来的时候，你又会不会本能地躲避呢？你当然是立即环顾四周，然后走到安全的地方，你的注意力当时可能还在别的地方，但当这种情况发生以后，你的判断力会告诉你该走向何处、该走多快。这就像训练有素的盘口解读者所面临的情况，所以说，盘口解读者和图表交易者所采取的方法有着天壤之别。

但是仍然有一些方法，能让盘口解读者将图表作为指示器和向导，从而加强交易的准确性。股价图是监测建仓和出货的最好的方法之一，它的价值还体现在显示大级别走势中的阻力位。一张股价图由每天的开盘价、最高价、最低价以及收盘价组成。

如果股价图可以作为一种百试百灵的向导，那么所有人都可以通过对图的正确解读来赚到大钱。而之前提到的那位来信者说的是，"通过对太平洋联合公司股价走势的解读，我发现如果我根据图表给出的信号来进行操作的话，应该已经赚了一大笔钱了"。问题是他没有根据图中的指示来进行操作，只不过是在自欺欺人而已。在股价

第八章 将图表作为指示器

走势已经完成后再进行马后炮式的事后分析并找出最佳买卖点当然很容易，但我敢打赌，这位交易者并没有将其用于实盘交易。

自认为可以通过研读股价图或任何其他图就能成功获利的交易者可以玩这样一个游戏：让朋友准备一只股票的股价走势图，不告诉他具体是哪只股票，也不告诉他是哪个时间段内的走势，然后再准备一张纸，写下交易中所必须严格遵守的操作法则以杜绝随意交易的现象。接下来将一张白纸盖在走势图上，缓缓地向右移动，在交易者认为买卖点出现的时候，记录下自己所决策的买卖点，将每一笔交易都准确地记录下来，就像真实的交易一样。然后不妨将自己的收益情况告诉我，如果有人能长期在这种模拟游戏中保持获利，我倒是很有兴趣与他见上一面。

股价图还有一些别的用处，比如有很多交易者习惯于用局部的股价图分析股价的细微波动，而不是看整体走势，这种方法也可以用于道琼斯指数的研读，但是对于实战派的盘口解读者而言，我们还是推荐使用记录全部股价走势的图。这对盘口解读者的价值主要在于能够提供一些重要走势即将来临的信号，这样一来他就会密切留意一段趋势结束，下一段走势开始的那些重要时刻。股价图能够给出即将来临的走势的方向，而盘口的情况能够说明新走势将于何时出现。

股价棒线图如今已经被广泛使用，它就像一部浓缩的股票历史记录，具有极高的价值。如果股价图中记录的股票是市场中唯一的股票，它的股价走势便不会那么飘忽不定，它的股价图将会成为一个更加可信的趋势与转折点指示器。但是这种情况是不现实的，我们必须铭记的是每只股票都会不同程度地受到其他股票的影响，这是造成个股棒线图上股价走势不稳定的重要影响因素之一。如果整个大盘在上升，或者个股所属的板块在上升，那么个股也会受到一定的带动。

某些龙头股的股价图表有时会给出一个强烈的买入信号，一些对图分析一知半解的交易者看到这些信号就会盲目地买入，之后就无限地懊悔，因为当难以察觉的出货行为完成的时候，股票就会快速而剧烈地下跌。这也明显可以看出盘口解读相对于图表分析的优势：盘口解读者看到的是当下正在发生的情况，而用图分析者看到的情况是有很大局限性的。目的都是在正确的时机介入并跟随趋势，但是以整体的眼光来审视市场才能最准确地研读出趋势。

如果交易者想得到一种机械化的趋势指示器作为盘口解读的辅助工具，那么他最好是监测每个板块中十大龙头股的每日高低点图：首先找出每天达到的最高点和最低点并将其绘制成图表，还要标出先达到的是最高点还是最低点。这将是一种比道琼斯指数更具有实战指导意义的工具，因为道琼斯指数只考虑了高点、低点、收盘价，在1901年5月的市场恐慌那种日内波动非常大的日子里，就无法显示出日内波动的情况，而对每天都会在收盘前清仓的日内交易者而言，这种图没有太大的意义。

不过道琼斯指数对于意图取得5～10个点的中长线收益的交易者而言还是很有用的。这样的交易者不会逆着图中显示的趋势交易。他的理由是即便你对于某只个股有一个完美的做多计划，但是如果整个大盘显示出下降趋势，那么你的计划也无法得到完美的执行，因此他总会等到趋势与他预期的方向一致时才会进场交易。

当在图中出现一连串逐渐升高的顶部和底部，或一连串逐渐下降的顶部和底部时，我们很难断定上升趋势或下降趋势已经形成。而一连串处于同一价位附近的顶部或底部意味着支撑或压力。一段

第八章　将图表作为指示器

震荡趋势如果延续的时间很长，同时伴随着很小的成交量，就表明当前的行情是缺乏活力的，但是如果伴随着正常的或者是非常大的成交量，这就是建仓或者出货的明显信号。下面就是一张研究各个价位上成交量的图示，见图8-1。

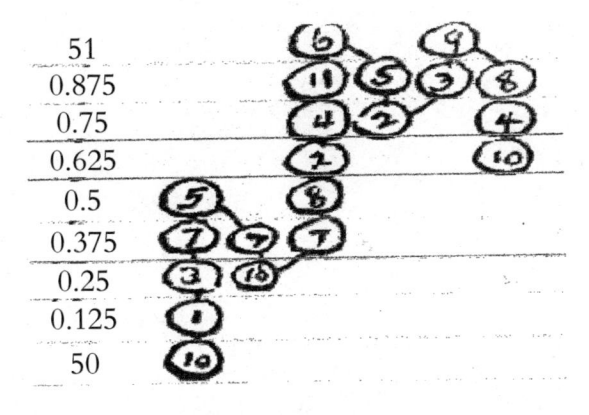

```
51
0.875
0.75
0.625
0.5
0.375
0.25
0.125
50
```

图8-1

当在一只股票上结束一天的日内交易时，这张显示不同价位上股票交易数量的图就显得弥足珍贵，它显示了不同的价位上各自交易了多少百股，从中可以清晰地看出不同价位上的成交量。通过研究这张图，我们还能得到很多其他有价值的信息。但是对于炉火纯青的盘口解读者而言，他们往往会舍弃一切的机械化分析工具，因为他们习惯于凭长期实践经验中养成的直觉来判断趋势。另外，如果他过多地注意图上的每一个交易细节，就会不可避免地分散关注盘口的注意力，而作为盘口解读者，他本应该将全部的注意力用于观察盘口的动态。

我们当然可以通过请助手来避免精力分散的困境，但是如果我们把所有的情况都考虑进来，比如精力的分散、图表与盘口分析结果之间的矛盾，以及时常出现的各种复杂混乱的局面，我总会建议读者们尽量将自己从那些机械的分析工具中解脱出来。我常说的一句话就是"图表只是盘口的记录而已"。盘口能够体现很多信息，个股的股价走势所形成的图表是盘口的静态体现，但要获得第一时间的盘面动态还是要依靠对盘口的解读。

第九章　日内交易与长线交易

刚才我做了一个小实验，把一片边长约0.375英寸的三角形吸墨水纸穿在曲别针上，然后在另一张白纸上滴一滴墨水，再让吸墨水纸接触到这张滴有墨水的白纸，结果白纸上的墨水瞬间都被吸墨水纸吸走了，原本被滴了墨水的那张白纸几乎快干了。

这非常类似股票市场中当买盘吸筹力量强于供给力量的时候盘口上所发生的情况。大量的股票在卖盘价格上成交，买方显得非常贪得无厌，即便是卖盘价格很高也在所不惜，使得股价快速升高。买方力量就像吸墨水纸一样，吸个两三次以后就彻底达到了饱和，没法再吸附更多。此时市场上的卖方和买方力量达到了平衡，这样一来，市场就到达了一波上涨趋势的终点，卖方力量和买方力量在新的价位上达到了平衡。

接下来我从钢笔中挤出一滴墨水，让墨水滴在那块已经饱和的吸墨水纸上（这就如同股市中的出货行为），吸墨水纸吸到一定程度就无法再吸进更多的墨水，多余的墨水流到了白纸上（好比股市中卖方供给超过了卖方需求）。我滴到吸墨水纸上的墨水越多，它往外流的速度也就越快（好比股市出货行为中，市场总会出现更低的价格）。这个简单的例子有助于让读者记住市场中有两种不同的力量——建仓吸筹与出货派发、需求与供给、支撑与压力。盘口解读者在衡量这些影响因素时考虑得越全面，他就会越成功。但必须注意的是，再精确的盘口解读往往也会被一天中随时可能出现的突发事件所抹杀。交易者所持的股票可能会在多方力量的带动下上涨若干个点，但是在涨了一段时间之后就可能遇到强大的卖盘压力，而买方力量不足以消化这么大的压力，也可能会有一些突发事件打乱了整个市场的节奏。

为了说明一个操作者如何在一天内采取了两次错误的趋势操作后在发生损失之前全身而退，我们以1908年12月21日的股价记录作为例子。太平洋联合公司股票在这一天开盘时的股价低于前一天的收盘价，在179美元的价位成交了500股，在178.75美元的价位成交了6000股，从前几分钟的情况来看，股票貌似有一种内在的支撑力。假设盘口解读者以178.875美元买入了100股太平洋联合公司股票，他马上就会注意到市场上出现了一些新的卖单，而这些卖单的成交量足以引起行情进一步走弱。觉察到这种情况后，他立即在178.25美元卖出了200股，其中100股是做空。弱势行情继续发展，当股价达到176.5美元后，有两三个信号表示卖盘压力暂时得以消除，此时南太平洋公司等一些其他股票显露出了一些强势的意味，而太平洋联合公司也发生了很多空头平仓交易，在176.625美元成交了600股，在176.75美元成交了1000股，接下来达到了177.25美元。假设操作者能够察觉到这个反转，他就会在176.875美元时买入200股，也就是平调空头持仓并且做多100股。随后市场表现出了更大的弹性，但是股价记录带上只留下一些成交量很小的交易。

一小会儿后，市场沉静下来，反弹态势也没能持续。我们的交易者期待再次回调到上次的低点，这种情况的确发生了，但是股价没能在上次的低点企稳，它跌破了176美元，同时其他的活跃股票也

第九章 日内交易与长线交易

表现出了相当程度的弱势。对交易者而言，这就是新一波出货行为开始的信号，所以交易者在176美元卖出了200股，也就是说他将多头持仓卖出，并且做空了100股。随后弱势行情继续，直到股价到达174.5美元时才出现一点反弹的迹象。从昨天到此时，已经下跌了6.25美元，盘口解读者此时清楚地意识到了行情反转的信号，也明白每一点小的波动都使股价离反弹更近一步。在达到174.5美元之后，市场趋势彻底反转。大量的股票在强大的买方力量作用下以卖盘价格成交，最终的上涨趋势来临了，但上涨过程中被售出的股票却很少。在上涨趋势中交易者于175.875美元买了100股的太平洋联合公司股票，在确认了上涨信号之后他又在175.25美元买了100股。从此刻开始，上涨一帆风顺。在这一天的交易时间结束之前，他都有机会卖出他所买入的多头持仓，最终他将股票在176.625美元卖出（见下表）。

买入价（美元）	卖出价（美元）	损失（美元）	收益（美元）
178.87	178.25	62.5	-
176.875	178.25	-	137.5
176.875	176	87.5	-
174.87	176	-	112.5
175.25	176.625	-	137.5

在这5笔交易中，佣金与个人所得税为135美元，2笔交易亏损150美元，总计成本285美元，3笔交易盈利387.5美元，日内交易收益102.5美元。

考虑到这位交易者两次都陷入了错误的趋势之中，并且在紧张的交易中支出了135美元的佣金与个人所得税，这样的战果已经算是相当不错了。是否能在交易中取得成功，与能否有效减小损失、佣金与个税以及利息支出是大有关系的。

接下来我们看看他在哪些地方可以考虑得更加周到些。他的第一笔交易是买在一个貌似有内幕交易者买入的价位，股价还没有形成明显的趋势。他看到在178.75美元的价位上成交了大量的股票，便觉得股价在这些买盘的支撑下足以形成一波反弹，他的失误是没等到形成明显的趋势，如果等到买盘强大到足以吞噬所有卖盘并反转市场时进行交易，那么他的战果会更好。当一只股票在半个点的区间内形成稳定的波动，这并不表示趋势即将反转，只能说这是一个暂停蓄势的位置，股价在后市会形成一波新的走势，可能向上也可能向下。如果他想要成功地追随第一波最猛烈的走势，那么他的第一笔交易应该是做空而不是做多，这样一来他就能规避第一笔交易所发生的损失以及节省相关的费用，大概是89.5美元，如果真的把这笔钱节省下来，他的单日收益几乎能够翻倍。

他发生第二次损失的那笔交易体现了盘口解读的精华——在趋势改变中判断出反弹。想成功做到这点的一个方法就是判断出股票下跌到什么位置后会发生趋势的向上反转，一般而言反弹的幅度至少会达到上一波下跌幅度的一半或三分之二。也就是说，股价下跌2.5美元之后，我们就可以期待股价至少反弹1.25美元，在此之后才会出现上行压力。如果这波下跌没有结束，那么股价反弹后还会迅速回撤。太平洋联合公司的股价达到176.5美元之后发生了什么事呢？股价继而达到176.625美元、177.75美元、177.25美元，股价从179.125美元跌到176.5美元，总共下跌了2.625美元，照此算来股价至少要反弹1.25美元，到达177.75美元。如果没能达到这个价位，只能说明下跌态势未能结束，应该继续持看空观点。另外，两笔成交的价格之间相差0.5美元的价位，说明市场状况不太正常，有那么几分钟市场上的成交基本上是停顿的，接下来有人以177.25美元的

第九章　日内交易与长线交易

卖盘价格买入了股票，但下一笔交易的价格回落到176.875美元，这就说明这次的上涨反弹很虚弱。反弹虽然在持续，但成交量一直很小，这构成了让我们继续空头持仓的理由。只有当真实买盘逐渐增加，并且成交量也随之放大时，股价才会真的转变为多头趋势。但是目前的市场缺乏这种理由，这就告诉我们不能在176.875美元这个价位上平掉空头持仓转手做多。

任何人都很难说自己是在完全按照环境的要求和正确的趋势交易，但是如果我们能够避免上述那些错误的交易，那么日内交易的利润就能达到421美元，具体的交易情况是在178.25美元卖空，在174.875美元平仓；在175.25美元买入做多，在176.625美元平仓。由此我们可以看出从自己的错误中汲取经验教训的好处，这样能使我们在以后的交易中避免类似的失误。

正如我们之前所说，交易者在交易中能获得多少利润，直观地取决于他的交易水平能否使其获利；如果能够获利的话，利润减去成本后能否有盈余。从这个角度来看，能否获利的关键就在于能否有逐渐增多的资金来扩大交易规模。观察交易账户的一个好方法就是专门用一个本子记下交易日期、交易规模、买卖价格，损失与利润以及佣金、个人所得税、利息方面的支出。每一笔交易的损失或利润都应该被计入总体收益之中，最后反映总收益的那个数字能够有效地避免交易者自欺欺人。一般人总是倾向于记住自己取得的利润而忘记自己所蒙受的损失，而真正的大师级盘口解读者所承受的损失是非常小的，因此他同那些并不时时刻刻观察盘口的交易者或随意制定止盈止损位的交易者相比，能够处理更大的交易规模。盘口解读者的交易几乎不会出现一个点以上的损失，因为他总是在关键点位或支撑位、阻力位上进行买卖，因此，如果趋势发生了突然的反转，他往往能在第一时间介入交易。

上面所说到的太平洋联合公司的一系列交易中发生的损失只是平均水平的损失，但更多的情况下，盘口解读者会把损失控制在0.25美元、0.375美元或0.5美元之内。既然要把损失控制在这么小的范围内，自然也要控制好交易的频率，不能频繁交易。最好是在交易过程当中也留出一些时间让自己判断和思考。交易不活跃的行情往往会牵制人的很多时间、精力，但也正因如此才能酝酿出大的赚钱行情。在盘口解读中，大的利润总是在活跃的行情中取得的。活跃行情中巨大的波动幅度和成交量常常会制造错误的信号，但对于有经验的操作者而言这却是个收获的季节。

在活跃的行情之中，交易者可能会通过交易里德铁路、太平洋联合公司、统一天燃气公司这类的巨头公司的股票而获得20个点、30个点、甚至50个点的收益，这个现象提醒我们思考一个问题：是每天都在收盘前将交易平仓比较好，还是买入后长期持有、不理会股价的短期回调比较好呢？到底哪种方式更能保证获利呢？这一问题的答案很大程度上取决于交易者的个人性格。如果一个交易者习惯于通过追随小的波动而获利，以此累计获得庞大的利润，并且愿意在这个过程中不断磨炼自己的短线交易技能，还能承受频繁交易所产生的庞大佣金支出，那么他就适合于在每天收盘前结束所有的交易。

如果交易者的思维方式不习惯于进进出出的频繁交易，而更乐于买入后等待大的机会，并且有足够的耐心持股，直到获得大量的利润，那么他也能获得交易的成功。我们很难对两种交易方法的优劣做出评判，因为这取决于交易者们各自不同的性格禀赋、对于风险的态度和承受力。但在我看来，在一个对趋势中的支撑线、阻力

第九章　日内交易与长线交易

线有着深刻理解的交易者眼中，单纯的长线交易所得的利润是相对比较少的。首先，在长线交易中，交易者可能不得不把多达二三十次的获利机会拱手相让，因为波动幅度在两三个点左右的那些小波动的累计波动幅度加在一块的话，要比一波趋势之中5~10个点的最终波动幅度要大得多。

我们常常会发现诸如股价回撤幅度、支撑线、阻力线等很多指示信号，在大级别的波动中显得更加有效，这就好比把一张照片放大之后，其原本的轮廓就会显得更加清楚。盘口解读适合于那些思维活跃、头脑灵活的人，他们擅长在极短的时间内做出准确的决策，并且善于察觉市场中那些极其细微、一般人难以发现的指示信号。

另一方面，操作大级别波动需要交易者忽略短期指示信号，并且要正确处理时不时出现的负面消息对自身情绪的影响，也必须做到承受大幅度损失的心理准备。总之长线交易者在很多问题的处理方式上都与盘口解读者不同，而且我们越深入地分析长线交易者(或称投资者)与日内交易者的区别，我们越能发现二者处理问题的方式大相径庭。在我看来，长线投资只适合于那些无法经常关注市场、相对于日内交易者没有时间和信息优势的人。

在不影响日内交易的情况下，盘口解读者当然也可将长线交易作为一种辅助的获利手段。举例来说，在之前讲到的里德铁路那段从144.375美元到118美元的下跌走势中，当他确认这笔下跌走势即将结束、首次发现买入信号之后，他断定会发生一波使股价到达130美元的反弹，那么在买入的时候他就可以额外再买一些股票作为多头持仓。对这笔持仓，他应该使用止损指令来降低风险、保护利润，因为没有人知道未来那波会给他带来40个点的预期收益的上涨到底什么时候才能到来。

另一个例子是美国钢铁从1908年11月时58.75美元到次年2月41.25美元的那波下跌。美国钢铁是当时市场中的龙头股，盘口解读者应该把它作为交易标的。在他操盘计划中的第一笔交易至少应该比平常的交易量多一百股，止损位姑且定成40.75美元，正常情况下他可以期待股价出现8.75美元的反弹，但是只要没出现另外一波大幅下跌即将来临的信号，他就可以一直持有这笔长期持仓。

以上只是举了一些个别例子，每年都会出现很多这样的情况，都可以为盘口解读者贡献不菲的收入。但是盘口解读者必须把这些长线交易与平常的日内交易区别开，如果让这两种交易形式互相影响，那只会将其各自的有效性都破坏掉。而且一旦他发现所持有的长线持仓影响了他判断的准确性，那就应该将其果断卖出，因为有的时候鱼和熊掌不可兼得。一个在43美元价位买入100股、长线持仓200股的日内交易持仓者，在发现下跌信号的时候一定会将这300股的持仓全部卖出。这对交易者在实盘交易中知行合一的能力是一种考验。他必须时常问自己：有什么理由能够认定美国钢铁会下跌五个点呢？接下来会是个小幅的回撤还是大幅的下跌呢？上一波下跌之后有没有发生常规性的反弹呢？仔细思考这些问题能够让交易者正确地决策出是继续持有手中的几百股股票还是将其全部卖出。

采取这样的操作而不影响到日常的常规交易需要极强的意志力和非常清醒的头脑。任何人都可以卖出200股而保留100股，但是有几个人的判断和决策不会因为同时进行长线交易和日内短线交易而受到影响呢？这就是问题所在！真正的盘口解读者更倾向于在每天交易结束前清仓卖出，这样一来第二天早晨开盘时他就能轻松地对自己说："我从不抱有任何先入为主的观点，只是追随第一次出现的最强信号。"比起在10天内通过在一次交易中长期持有股票而赚到

第九章 日内交易与长线交易

1000美元，他更愿意在同等时间长度内通过数次日内交易积累同等数量的利润。

在一次日内交易中取得一个点以上的利润其对应的风险其实是微乎其微的，交易100股所需的资本基本上不会超过2000美元。假设在60天的日内交易中每次他都交易100股股票，利润减去损失后的每股净收益为0.25美元，那相当于每天有25美元的利润。60天结束之后他的利润会增加1500美元，这样一来他就有足够的资金来操作200股，以此类推。我列举这些数字的目的仅在于指出在日内交易中不要期待一次性获得大的利润，而是应该通过若干笔成功的日内交易集腋成裘，获得最终的成功。

前一段时间，曾有一个来自西海岸的交易者来到了我的办公室，对我说我的一系列有关盘口解读的文章给了他很大的触动，所以想到纽约来在盘口解读中一试身手。他所能接受的最大损失额度是1000美元，目的就是想看一看自己是否能在盘口解读与日内交易中取得成功。后来他又打电话给我，并告诉了我一些他的日内交易经历。他选定经纪商之后的两三天后开始了交易，自此开始似乎一刻都不能停止交易，两个月的交易时间内他做了42笔交易，每次都是满仓操作。他承认自己在运用盘口解读技法的时候也经常陷入猜测之中，但是总体而言他还是在遵循盘口的指示而操作。

他的单笔交易损失额度极少超过1个点，最大损失额度为1.5个点，最大利润额度为3个点。他经常操作龙头股之外的股票。尽管他不是很有经验，但他综合地运用盘口解读方法和直觉进行了明智的交易决策，所以在除去佣金、个人所得税等支出后仍有利润盈余。虽然他的盈利不是很多，但这在当时恶劣的市场环境中已是令人叹为观止的成绩了，尤其是对一个尚处于学习阶段的新手而言，这是非常值得庆贺的。

  他还面临着一个不利因素，就是他当时所处的交易场所——他可能自己都没有意识到。当时他的那间交易办公室封闭效果很差，可以清楚地看到别人都在干什么，可以听到各色人等的闲言碎语及各种市场流言，这些外界干扰都有可能对他的判断造成影响，也可能促使他改变从事盘口解读式交易的初衷而改用其他方法，幸好他坚持下来了，并且表现出了很强的纪律性。毫无疑问，他掌握了止损的技巧并且懂得如何节省佣金，最终坚持了盘口解读式交易，克服了所有的外界干扰并取得了不菲的成绩。如果是在一个更大、更活跃的市场之中，他的日内交易利润将会进一步放大。投机是一门生意，需要正确的判断和不懈的坚持。

第十章　更多案例与建议

根据最近我对市场交易和市场环境的观察，发现通过股票的第一次波动来预估后市趋势的幅度是不可能也是不现实的。很多大幅度的波动都是以非常温和的方式开始的。一波从顶部开始的下跌趋势，刚开始的时候仅仅表现为伴随着轻微成交量的小幅下行趋势，接下来的行情将会出现跌幅较大、抛压沉重的局面，最后以剧烈的深幅下探而告终。如果股价形成了一个3个点左右的震荡空间并且突然表现出极大的活跃性，甚至彻底恢复了之前的上涨趋势，交易者就该立即跟进。我并不是说交易者必须抓住每一个细小的上涨或下跌的变化，如果股价上涨了3个点，但又在成交量很小的情况下回撤了一个点或一个半点，交易者必须明白这只能看作是正常的回调，而不是趋势的改变。顶级的操作者不会经常让3个点的利润白白在眼皮底下溜走，他会持续地将止盈卖出价位调高，直到真的有那么一波回调让他在一个较高的止盈价位上将股票卖出为止。经过这一波做多之后，他还可以选择在卖出时的高点做空，除非有信号表明股价将会运行到更高的价位。

我们对成交量研究得越多，就越能发现它在盘口解读中的重要性。股票经常会在3个点的波动幅度内运行一段时间，而不是表现出足以让操作者获利的明显趋势，而后在这种没有明显趋势的情况下爆发出数以千计的成交量，这就是新的趋势已经开始的信号，但并不一定是按照初期指示的方向运行。一旦股价伴随着大量的成交量突破之前的支撑位或压力位，这就说明形成了确定的趋势，盘口解读者必须胆大心细地介入，理由是：如果股票突然开始上涨，那一定是大型机构投资者所为。

区分出真实趋势和虚假趋势的最佳方法就是留意观察那些在股价小幅波动的区间内爆发出的异常巨大的成交量的情况，因为这通常都是市场操纵的表现。巨大的成交量明显意味着操纵者要吸引买方的注意力，或是借此掩盖自己的操作行为。1909年6月，里德铁路这只股票就发生了这种情况，当时的股价一路上攻到了159.75美元。我计算了一下，在159.5美元左右共成交了80000余股，毫无疑问这是一个下跌信号。这也是一个在股价下跌之前进行股价拉抬的例子，能够准确解读出盘口信息的盘口解读者可以借之后发生的大幅下跌赚得不菲的利润。

我们经常听人们抱怨说"公众投资者从来没有能够真正地参与市场"，好像这就是股价无法上涨或者公众投资者不应该参与股票交易的原因。说这种话的人通常也是"公众投资者"中的一员，但他们说这种话的时候好像认为所有公众投资者都是外部人——除了他自己之外。在大多数人的观念里，市场如果没有了公众投资者将会好很多，说真的，股票经纪人也不希望交易体量过于庞大；所有股票的整体波动通常不是特别剧烈，但是市场总会对正在发生的流行事件做出有规律的反应。在一个公众投资者占据主导的市场中，个股的买入情况呈现出上上下下的循环波动，而这些投资者对市场的认知和了解是十分有限的。

所有人都能意识到当烟雾散去的时候，到处都是不知道应该如

第十章 更多案例与建议

何交易但又迫不及待想进行交易的人，他们的买入卖出行为造成了市场的猛烈波动，然而这也为盘口解读者提供了机会，盘口解读者此时可以期待的利润不只是三个点，而可以达到10个点。但同时我们应该看到有一些不利的因素会抵消这种优势。首先，在一个满是疯狂建仓资金的市场当中，股价可能会涨得很快，与投资者心目中理想的交易价位相差甚远，特别是对长期沉闷低迷之后突然爆发出活跃性的股票而言更是这样，所以很多持有资金观察盘口动态的人就会被这种显而易见的机会所吸引，而大量跟风式的买入导致大多数人的买入价位都比自己原计划买入的价位要高，这样一来盘口解读者在拿到成交报告之前根本无法知道自己买入股票的交易成本究竟是多少。因为拿到成交报告的时间通常会比成交时间晚5分钟，而如果经纪人很忙的话就还要耽搁几分钟。另一方面，卖出指令也总是会与所报的卖出价有一些差距，这种差距有时会多达几个点，谁也不知道最终的卖出价位会是多少，而在一个正常的市场中，交易者最多只需把卖价设在阻力位之下0.25美元之处，通常二者的差距不会超出0.125美元。

说到止损单，随着交易者经验的日益增多，可通过设定止损单来进行自我保护、获得利润的方式也相应地越来越多。如果盘口解读者试图在每笔交易或每天的交易中都获得一些小额的利润，那么他通常会难以忍受损失1个点以上的利润，也难以忍受在一波形成较大利润的趋势中未能介入其中的痛苦。

我最近几天的一笔交易就能够证明这一点。我最近结束了两笔交易，总仓位的获利大概是1个点多一点。两笔交易都是做空。市场先是显示出了下行趋势，里德铁路是下行趋势最为明显的一只股票，我在这只股票上以150.75美元的价格做空。几分钟之后股价跌到了

150美元。我将止损单调低以便让自己不受损失。不一会儿，股价出现了小幅反弹之后再度向下突破，我为了保护利润下达了一个新的止损单。接下来第三波下探开始了，此时我将止损单下在市场价以上0.25美元的位置，此时已经临近这一天交易时间的末尾，我认为这必定是最后一波下探了。正当我把止损单下达到交易所时，股价就遇上了严重的抛压从而急速下行，远离了我设置的止损单价位，此时我让我的经纪人以市场价平仓。最后的成交价仅比当天的最低价高0.25美元，扣除佣金之后总体获利是2.625美元。

我强烈地推荐这种保护利润的方法，不过仍然有一个问题，在上例中，最好是使用止损单来结束交易，而不是直接平仓卖出。当你在一波上涨或下跌趋势中使用离当下价格非常接近的止损单时，如果股价继续向趋势所指方向运动，你仍有继续获利的空间，但如果你直接平仓卖出的话就失去了所有继续获利的机会。如果你习惯于在每天休市之前将所有的持仓都平仓，你就应该在最后15分钟内在平常平仓的价位处设置止损单，当股价向着你预期的方向继续运动时，你就可以以接近最高或最低价的价位结束交易，从而实现获利最大化。

这样的交易计划能够将每一笔交易的利润最大化，绝不留下任何遗憾。假设交易者在53美元的价位做空一只股票，然后这只股票跌到了51美元，此时除非市场紧接着就发生剧烈下跌，不然交易者最明智的选择就是在51.25美元的价位设置止损单。把止损单挂在这个价位，不论后市股价发生了哪种变化，他都能取得满意的结果：一是股价继续下探，通过做空得到更大的利润；二是股价发生正常反弹并到达52美元，冲过止损位，从而在51.25美元的价位卖出持仓；三是股价达到51.25美元，触及止损价卖出后却延续了之前的下

第十章　更多案例与建议

跌趋势，但即便如此也不需要为失去后市下跌趋势所带来的利润而惋惜。如果股价不能够反弹到整数关口，也就是说到了51.5美元或51.625美元就遇到了沉重的抛压，股价有望继续走低，实际操作中往往也有充足的时间来继续做空。

在操作中最令人迷惑的事莫过于试图同时抓住做多和做空两方面的利润。你也许出于某些原因在一只正在上涨的股票上做多，或是在一直持续低迷的股票上做空，这两种交易形式都能给你带来交易的成功，但是如果你想同时进行这两种交易的话你的判断力就会受到影响。就像著名的交易者迪克森·瓦茨所说：在操作时一定要保持清醒的头脑和正确的判断。在某一笔交易中应该选择熊市方向，而在另一笔交易中这种选择或许就不再合适，一旦交易者同时交易多、空两个方向，头脑就会变得不再清醒，此时他总是会选择对自己有利的理由来解释自己所做的交易，而忘了自己正在进行多、空两个方向的交易。如果你正在一只股票上做空，同时又看到另一只股票上有做多的机会，最好是等到你的空头持仓平仓之后再在别的股票上做多。

平掉空头持仓并做多的最佳机会是在股价发生回调的时候。交易之前在头脑中就应该考虑好采取何种交易能够提供最大的获利机会，以便让自己在交易机会来临的时候不再犹豫而是直接行动。与那些不仔细研究市场原理的交易者相比，这就是盘口解读者所具有的一项重大优势，通过这样一个排除法的过程，他就可以决定在市场中是做多还是做空，以及哪只股票能提供最佳的获利机会。交易者可以在一波走势开始的时候介入，也可以在走势开始之后的首次回调时再参与交易。交易者可以判断出股价会回调到什么价位，并且通过观察股价的表现来判断股价的走势是否符合他最初的判断。

在交易者介入交易之后，股价必须是按照他预判的方向运动，不然就应该清仓离场。如果是多方趋势，成交量就必须放大，并且市场中其他股票的走势也对其形成支持，至少不能与它唱反调；而其间回调时的成交量必须比上涨时的成交量小，这就意味着抛盘压力比较轻；每一阶段的上涨所持续的时间都必须比上一段上涨的时间要长，并且到达一个新的高点，不然的话就意味着这一波上涨已经将所有的上涨动能耗尽，这种消耗可能是暂时的，也可能是永久的。

目前的诸多交易方法中，盘口解读是唯一能够让你在最佳时机介入，始终保持获利并在走势结束时顺利退出的方法。除此之外，你在华尔街还听说过任何一个人、一种方法或一个交易系统能够做到这一点吗？盘口解读只为少数遵循规则的人赚得了财富。这是一门艺术，随着盘口解读交易经验的增多，交易者就能逐渐精通此道，培养出敏锐的交易直觉和判断力，并在交易中形成完善的自我保护机制。

第十一章　需要克服的难题——潜在利润

泰然自若的心理状态是盘口解读中的一个必备要素。交易者的心理状态必须完全放松，并且将精力集中在所进行的工作上；在交易时不应该有必须在特定时间内完成某项任务的感觉，不应该有恐惧感、焦虑感或贪婪之心。

反之，当交易者一旦沾染上这些心理，一连串的失败就会像多米诺骨牌一样接踵而来。

或者说在做任何事情的时候如果产生了这些心理状态，最终都将导致毁灭。如果一个交易者发生了一连串的损失，那就最好停下来好好思索，直到发现问题的原因。

以下是给盘口解读者的七条建议：

1.不要过度交易！有的交易者可能会交易得过于频繁。众多的获利机会都是从每天的行情走势中诞生的，只有最好的走势才值得用真金白银介入其中进行交易。交易时不能带一点匆忙，如果今天的市场走势不值得进行交易，那就等到明天或以后任何合适的时候再参与。

2.消除焦虑心理！急于交易所形成的焦虑——对损失的焦虑、

对一天内或一段时间内利润流失的焦虑都会极大影响交易者的判断力并降低盈利水平。盘口解读与孵蛋非常类似，如果母鸡在孵蛋时不能得到充分的补给，不能安静地待在巢中，那么它的产量一定不足。如果孵蛋时母鸡总是担心会有小狗或小男孩来搞破坏，或者总是想用孵6个蛋的食物补给让母鸡孵出7个蛋，那么效果也会大打折扣。盘口解读者的利润是自然而然产生的。交易者买入或卖出的理由仅仅是因为当下的行情要求他这样做，而不是出于对利润的贪婪或对损失的恐惧。

3. 不要在市场机会不合适时进行交易！市场在某些情况下是不适合盘口解读式交易的。当股价上下波动而不表现出明显趋势也没有显现出任何积极的进场信号时，就像一艘没有舵手的船，此时进场交易失败概率是很高的。若股票所面临的市场环境不发生明显改变，最好是一直持股，直到市场环境有所改变。

4. 选择一个你可以信任的经纪人！某些经纪人的服务质量可能非常低。在股票操作这样一个瞬息万变的游戏中，交易者的操作必须争分夺秒，市场指令的执行时间平均不能超过1分钟，而将止损单传达到场内进行执行的时间必须更短。通过密切关注自己交易指令的执行情况，可以把指令的执行时间降低到1分钟以内。从下达交易指令到拿到成交报告所需的最快时间可以达到25秒，以我的经验而言，大多数的成交都会在30到40秒内完成，具体时间视交易指令到达场内时经纪人是否在电话旁边、场内撮合交易的地点离他的电话远近等具体情况而略有不同。

5. 要下达清晰的交易指令，不要让经纪人自行判断！所下达的交易指令一定要明确，不要说"试着以比买盘价格高的价格卖出，然后把情况告诉我"。正确的指令应该是"立即以买盘价格卖出"。

第十一章　需要克服的难题——潜在利润

经纪人时常没有足够的能力以当前卖盘或买盘价格以上的价格将股票卖出。对于操作者而言，有一个具备独立判断力的经纪人是个优势，因为这样他就能帮操作者在当下的市场环境下采取最有效的操作。不过对我而言，我倒不希望我的经纪人在我的交易中加入过多的个人判断。我的交易指令通常会正好下在符合盘口解读交易的买卖点上，几分钟的耽搁就意味着一大笔的损失。与其让交易指令留在经纪人那里让他来判断，不如晚一点再下达交易指令，把这几分钟留给自己把握，直到合适的卖点出现时再以当下的市场价格卖出。除非你的经纪人是顶级专家或是经验丰富的场内交易员，不然还是把做出判断的时间交给自己，这样往往能取得更好的结果。

6. 在发生损失之后保持警惕和冷静！盘口解读者应该把自己的交易规模限定在一个不至于影响自身判断力的水平之内。一旦交易者发现自己的自信心因一连串的损失而受挫，就应该把交易规模减小到常规情况下仓位的一半或四分之一的水平，或者只保留十手，这样一来交易的资金规模就不至于影响他的情绪，使他能够实现自我心态的调整。

7. 保持身心舒畅！如果一个人的身体状况不佳，或者处于精神涣散的状态，很难在盘口解读中取得好的成绩。举例来说，如果一个人过了一段花天酒地、纸醉金迷的生活，他就无法清楚地观察到股市上的所有行情，也就无法做出正确的操盘计划，更无法恰当地操作。一旦交易者发生了类似的对其交易会产生不利影响的事，那就最好先搁下手头的工作，头脑清醒之后再重新开始。

我的一些读者可能会觉得应该在一段大的走势之中持股若干天或若干星期，从而赚足这段走势里的全部利润，同这种方式相比，通过一笔一笔的日内交易来累计那些小额利润显得微不足道。我承认在某些时候这种长期持股的方法能够获得更多的利润，但是在获利的同时也面临着更多的亏损风险，并且问题不是我们有机会赚到多少利润，而是我们赚到手的利润有多少。盘口解读把赚得利润的过程简化成了一种机械化操作。为了说明敏捷快速地赚得小额利润并将其持续累计所达到的效果，我准备了一个案例，它显示了以1000美元作为本金，连续进行250个交易日的盘口解读交易所能达到的效果。我们假设这位盘口解读者是个专家级的交易者，平均每天交易一次，每笔交易平均能够以100股获得12.5美元的利润。当赚到1000美元的利润时将这些利润转为资本从而扩大交易规模。

这样一来交易的成果完全取决于盘口解读者的交易水平是否能确保盈利大于损失和支出。我们假设他有足够的保证金进行交易，对交易的规模并没有做出限制；如果交易者的技术足够娴熟的话，在交易时顶多浮亏几个点就会重新扭亏为盈；他也没有进行金字塔式加码交易，只不过是将赚得的利润继续作为资本扩大交易规模，所有进取心较强的生意人都会在机会合适、资本充裕的情况下增加投资额度。如果每股每天获利1/8美元，以100股为交易单位，每天交易一次，并且把所得的利润继续转为资本进行交易，那么交易情况将如下所示。

  100股每天获利12.5美元＝80个交易日内获利1000美元。

  200股每天获利25美元＝40个交易日内获利1000美元。

  300股每天获利37.5美元＝27个交易日内获利1012.5美元。

  400股每天获利50美元＝20个交易日内获利1000美元。

  500股每天获利62.5美元＝16个交易日内获利1000美元。

  600股每天获利75美元＝14个交易日内获利1050美元。

  700股每天获利87.5美元＝12个交易日内获利1050美元。

第十一章 需要克服的难题——潜在利润

800股每天获利100美元＝10个交易日内获利1000美元。

900股每天获利112.5美元＝9个交易日内获利1012.5美元。

10000股每天获利125美元＝8个交易日内获利1000美元。

1100股每天获利137.5美元＝7个交易日内获利962.5美元。

1200股每天获利150美元＝7个交易日内获利1050美元。

总盈利：250个交易日内盈利12137.5美元。

减去：佣金与个人所得税1942美元。

净利润：10195.5美元。

假设证券交易所在一年之中共有300个交易日，则250天就占了全部交易日的5/6，或者说10个月。达到上述资产规模之后，交易者沿着这个路径继续交易下去的话利润将是每星期900美元，或者说每年获得46800美元。

一个常年试图在股票市场中赚钱，但从来没有真正获得过大额利润的交易者向我诉说了他进行盘口解读交易的战果，刚开始进行盘口解读交易时他差不多每100股的交易要损失20美元，过段时间后每笔交易的损失降低到了12美元，接下来再降到8美元，进而达到收支的基本平衡，如今他每100股的交易已经能够盈利12～30美元。这只是散户交易者的一个例子，中等规模交易者的目标应该是每1000股的交易规模达到150～350美元的盈利。这就已经算做得非常成功了，随着交易者个人经验的不断积累，所能获得的盈利还会不断增加。

有的交易者会认为在交易中每股获得1/8美元的盈利就足够了，所以在交易时如果利润达到了这个水平就应该卖出。对此观点我需要澄清一下，我只在盘口上出现买点或卖点时才进行交易，在刚介入交易的时候我也不知道这笔交易最后是盈利还是亏损，或者盈亏数额是多少。每次建仓之后我都会在离建仓价格0.25或0.5美元的地方设置止损单，这样一来损失的资金就仅限于这个额度加上佣金和个人所得税。入股建仓之后股价按照我所期望的方向运行，我会尽可能地把止损价位抬高，使这笔交易根本不会发生损失。只要没有出现平仓了结的信号，我应声而动，就不会盲目地卖出从而让利润白白溜走。不管我把止损价设在什么地方，我都会密切留意行情中的危险信号，有时候我甚至在行情显示出结束信号之前就将一笔交易平仓了结，让自己的卖单犹如闪电划过夜空一般出现在股价记录带上。当股价记录带显示出应该离场时，我应声而动，从不会停下来计算自己得到了多少利润或是损失了多少，或是看自己的交易获利情况是否领先于大盘。

我致力于让自己的交易利润持续增长，但我并不关注股价的那些细小波动，也不关注自己的利润或损失，始终保持一种无我的心态和必要的警惕。在交易时要努力地用这些素质来保护好自己：冷静、精准、敏捷的思维、清晰的判断、周详的计划和高效的执行力、远见、直觉以及勇气。只要用这些因素实现了完美的自我控制，并有效地执行交易，就不难成为股市中的胜者。

为了有效说明盘口解读法在交易应用中的准确性，我将描述我在最近一天中的交易情况。这一天共有三笔交易，包括三买三卖，在这六张交割单中有五张的交易价格与阶段最高或最低点的差距不超过0.125美元，只有第六张交割单中的卖出交易价格比阶段高点低了0.625美元。

以下是交易细节：在市场刚刚开市的时候我没有进行交易，当时堪萨斯南部铁路的股价表现十分沉闷，集合竞价时以46.75美元成交了2600股，开盘正式交易时买盘与卖盘价格分别是46.875美元和

第十一章　需要克服的难题——潜在利润

47美元，我在开盘之前就下达了买入指令。接下来股价稳步上攻，达到48.625美元之后又回撤到48.5美元，在此价位我下达了卖出指令，之后股价再没有回到48.625美元。

下一笔交易做的是里德铁路。虽然这只股票总体上呈现强势，但我感觉它在受着某些因素的抑制。里德铁路以158美元开盘。在经过一波幅度可观的上涨之后股价出现了回调。当股价回调到157.5美元之后，我下达了买入指令，最终以157.625美元的价格成交。接下来股价瞬间抬高到158.75美元，在这个价位上我发现了卖出信号并卖出了股票。而后股价并未表现出明显的回撤，所以我不考虑把卖出的仓位再买回来，但接下来股价上涨到了159.375美元，比我卖出时的价位高了0.625美元。

南太平洋铁路看上去也是个良好的投资标的，我以135美元的价格买入了这只股票，之后股价很快涨到了135.5美元，此时看到市场中其他股票价格已经过高了，所以我就以135.5美元的价格卖出了这只股票。此时的市场已经达到了这一天的最高点，接下来在股价按照我预期的方向运行时，我又进行了几笔交易，一天之中共进行了6次交易。

我举这些例子的用意在于证明盘口解读在实战交易中的准确性。我并不想假装其在所有的交易中都百战百胜，我也有过失误，但我力图在每一笔交易中都尽量做得完美。如果一个交易者在一天内每股赚得2.375个点，接下来的两天每股损失了2个点，那么这三天就是每股0.375个点的利润，平均每天0.125个点。输和赢会在交易中轮番出现，有时候交易者会因亏损而受到打击，甚至是信心受挫，但只要按照正确的交易法则进行交易，定能克服一切困境并迎来最终的胜利。

111

第十二章　结束交易

　　盘口解读技术的修炼者，特别是将盘口解读知识付诸实践的人，总是会不断地出现新想法、有新发现，并能用这些新想法和新发现改善自己原先的操作方法。在每一次改善中他都能拓展自己的视野，解决一些问题，久而久之就形成了一种清晰有效的操作策略。

　　在之前的篇章中我们把盘口解读定义为发现股价即时趋势的艺术。如果一名操作者能够在他的大多数交易中做到这一点，那么他的交易利润就能像滚雪球似地逐渐增加。但是发现趋势并在最合适的时候介入只完成了成功交易的一半，知道何时应该结束一笔交易同样也很重要，甚至比知道何时介入更加重要。我复盘那些曾经做过的交易时，发现失败的交易中很大一部分都是因为没能在即时趋势的顶点处结束交易。

　　有个例子能够很好地说明这个问题：在一波牛市中，有一天大盘显现出下跌趋势，这一天纽约中央公司的股票表现得最为强劲，而里德铁路和美国钢铁股票面临抛压。我从盘面得出的判断是牛市行情还将持续，所以我不想大量做空里德铁路和美国钢铁的股票，而是找机会买入。随后市场开始下跌，里德铁路和美国钢铁在市场的下挫中首当其冲，我密切地关注这两只股票的走势，当我发现这两只股票的跌势停止的时候，我下达了买入纽约中央公司股票的指令，并在137.25美元买到了。随后股价再也没有回到这个价位，10分钟之后买盘价格达到了139美元，并在此价位上成交了5000股。在这个价位上我本来应该卖掉，因为我所得到的买入信号只能保证股价涨到这个幅度，特别是当我发现此时的买盘成交量是在诱多的时候更应该毫不犹豫地卖出。因为大盘处于牛市而且这只股票处于上升趋势之中，所以这只股票从中长线而言还将继续走高，但是从即时趋势来说，139美元的价位已经达到了一个暂时的顶点。我知道股价从这个价位开始即将下跌，事实上股价也的确下跌了，但是当股价跌到正常回调底部之后又下挫了0.25美元，整个大盘也剧烈地下降。最后的结果就是我所获得的利润只是这波涨幅中的一小部分。这笔交易的正确做法应该是这样：当在139美元出现诱多买盘的时候我应该先卖出。当回调完成的时候，如果大盘仍处于牛市的话就把股票重新买回来；如果大盘不再呈现牛市态势，我不但会卖出多头持仓，还会伺机做空。

　　本书之前的内容中我曾说过要在后文对自己的观点进行一些补充，在此我要说明的是对盘口解读最好结果的看法，盘口解读的最好结果就是在趋势开始时将它准确地识别出来并准确地介入，并在趋势达到顶峰的时候退出。在大多数的情况下这并不能让你在当天最活跃的股票上捕捉到所有的上升或下降走势，但它可以让你获得许多小额的利润，我相信最终的利润总额会超过那些被迫忍受股价回调的长线持股交易方法。有的交易者不得不在一只股票上退出时会有强烈的压迫感，有的交易者手里持有足够的资金进行交易并且一直在寻找新的交易机会，二者的思维过程有非常明显的差别。

　　一个短期走势的开始和结束用三角形来表示最合适了——狭窄的一端代表开始，宽的一端代表走势的结束。

第十二章　结束交易

一波上升走势的波动幅度就像图12-1所示。

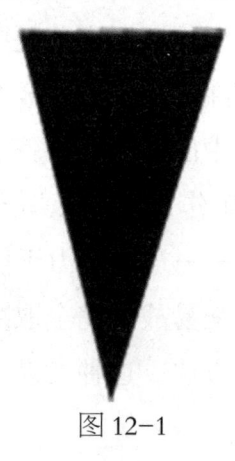

图 12-1

一波下降走势的波动幅度就像图12-2所示。

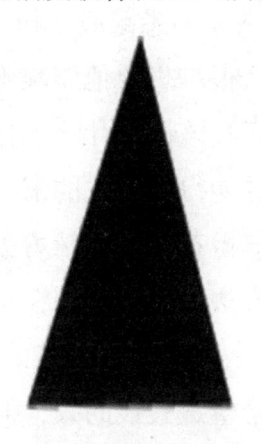

图 12-2

这两个形态说明了一波走势越往后发展，其成交量和股价波动幅度也越来越大，交易笔数也越来越多，最后达到一个相对活跃的状态。这个规律不只适用于个股，也适用于更大的市场走势；太平洋联合公司股票经历了几个交易日的上涨之后最终在1909年8月1日迎来了主升浪，这就是本规律的一个绝佳案例。

在结束一笔交易之后，你可以通过观察随后出现的回调来判断是应该将刚卖出不久的股票再买回来还是应该在别的股票上寻找机会。通常而言，一只股票在进入主升浪成为龙头股之前会出现两三个小的波动，这些小波动中的回调点位就是最佳的买入点，但是捕捉到这些点位是项复杂的工作，需要认真学习和实践。

现在我要送你一句话——送给致力于使用盘口解读法让自己账户增值的你：你所取得的交易战果完全取决于自己！每个交易者必须探索出属于自己的交易方法，这种交易方法可能来自本书，也可能来自别处。

毫无疑问，每种交易方法对于广大投资者而言都是"甲之蜜糖，乙之砒霜"，如果一个人非常熟悉跟股票相关的其他交易方法，而对盘口解读不甚了解，那么很难想象他能准确地抓住交易机会或能做出恰当的分析。当有人问我该读些什么书作为盘口解读交易法的补充，我会回答：读任何你能得到启发的书，哪怕你能从中得到一丁点的启迪和收获，你都值得花时间和精力去学习。但同时我要强调的是，书上学来的交易方法如果不应用在真实的交易中，那就没有任何用处。

华尔街上到处都是希望赚大钱的人，但这些人中的绝大多数不能像分析真实的生意一样来考察自己的股票投资。极少有人能每天都花几个小时研究行情，大多数投机者的惰性可见一斑。我经常看到一些投机者以成交量的上涨和下跌为判断依据而意欲博取仅一个点左右的利润，并且把自己的交易方法也称为"盘口解读"。还有些人模糊地按照一些诸如图表之类的机械指示来交易，以为依靠这些工具就可以研究市场了。另外有一大帮人只是在口头上讨论市场或发表他们的多空观点，极少进行真实的交易。

第十二章　结束交易

　　上述的各色人等只是在依靠一些肤浅的认知在市场中生存。如果他们能够每天花五六个小时认真地研究投机这门生意，那么一年下来他们在金钱方面取得的回报将是非常可观的。但事实上这些人中的大多数是在亏钱。不过令交易者们欣慰的是，我之前写过的一系列文章首次从实用性的角度介绍了盘口解读式交易，有助于启发广大交易者的交易思维，并将他们引向科学的投机方式。

　　我所收到的许多来信都能说明这一点，这些来信中大部分来自一些住在偏远地区的投资者。大多数来信者目前都想在大级别走势中获利的长线持仓，但他们也很想试试自己是否能成为成功的盘口解读者。这些写信的读者很明显只是一小部分，抱有同样想法的读者还有很多。对于这些读者我想说的是，你们当然可以成为成功的盘口解读者，但前提是你们首先要拥有足够的市场知识。一个专业的歌唱家会对他的学生说："一个成功者必须有属于自己的个性——也就是通过学习音乐之外其他领域的知识所得来的智慧。"盘口解读也是如此，光知道那几条交易原则是远远不够的，必须对整个市场有全面而深入的理解。

　　确切地说，交易者通过运用前文所讲述的诸多交易技法中的一种或几种，是可以在交易中获得成功的，甚至运用前文提到的某些理念也能获得交易的成功。股票交易这个领域蕴含着无数的机会，在市场中赚到钱的具体方式其实并不重要，只要你赚钱的方法是合法的，盘口解读者会把任何一点可能的利润囊括到自己的账户之中——因为整个市场走势是由无数个生生不息的小波动所组成，每一个小波动都有为你产生利润的可能。

　　我通过多年的市场研究发现，市场中没有任何两波走势的形态是完全一样的。由此也可以看出，想把那么几条简单的交易规则套用在所有走势上是绝对不可能的，甚至可以说套用在大多数走势上都不可能。每周5个交易日的交易中可以演化出无数种走势形态，而这些形态在我的印象中从没出现过一模一样的，这也进一步证实了图表上的形态只是一个参考，并不能依赖它作为你在交易时判断市场的工具。

所以说，盘口解读是一门浩如烟海的学问，对喜欢研究学问的人而言是非常有趣的。盘口解读的研习者如果事先储备足了基本的市场知识，那么就足以完全消化、吸收我在本书中的相关提示、建议，未来也可以海纳百川地吸收其他种类的交易知识。只是像小学生做功课一样把所学的东西复习几遍是不够的，你需要通过无数次重复把所学的东西融会贯通，形成正确的思维方式，这样一来就很容易运用所学的知识从股价走势中找到各种交易指示信号。但即使把所学的东西全都融会贯通了，他也会越来越体会到一句歌词的含义："直到你意识到自己懂得太少，你才真正知道了自己究竟懂多少。"

我在其他领域的一位老师总是让我在学点东西后再把它巩固三四遍，以确保我真正地将其掌握。

我不得不说，对一个从没有进行过盘口解读式交易的交易者而言，想在第一次盘口解读交易中就取得成功是不现实的。因为首先你要熟悉市场上交易的股票有哪些，这些个股的基本面以及各个股票的股性如何，特别要熟悉主要的股票交易品种有哪些。了解股价记录中反映出的信息是非常有必要的，不能随意忽视任何细节，不然的话交易就如同一些装模作样阅读古典文学的人，其实那些古典文学典籍上他认识的字不会太多。

就通常情况而言，那些有足够的钱在证券交易所内买下专属交

第十二章 结束交易

易席位的人很快就能凭借场内交易的优势获得利润。但是场内交易也是一门值得研究学习的学问,而且通常需要数月甚至数年来适应那种紧张的精神状态、学习其中的门道。他们也会经常向一些教授盘口解读技艺的人咨询意见,但事实上我从没见过任何一个能够运用盘口解读赚取利润的人愿意成为专职的咨询老师。

原因非常简单,运用盘口解读进行交易所获得的利润远比当老师从学生那里收的学费要多得多,这是很浅显的经济学原理。除了大型机构交易者和运用盘口解读进行交易的场内交易员之外,纽约证券交易所中还有大量的会员从不进入场内交易,而是在办公室中的股价报价机前度过每个交易日。长时间的交易经验让他们发现盘口解读可以让他们赚到可观的利润,不然他们也不会采取这种方法了。

这些交易者中绝大多数人的交易规模都是在5000股左右,他们的交易量构成了每日成交量中的很大一部分。很多所谓的半专业交易者是在依靠纯粹"直觉"式的盘口解读在进行交易。他们并没有明确的交易法则、交易系统或策略,也许也不能明确地讲出自己是如何进行交易的,但他们的确赚到了钱,这也是这种交易方法优势的最佳证明。即使市场中成功的盘口解读者数量相对较少,但他们的成功也足以证明这种交易方法是可以赚到钱的,同时你也可以将这种成功案例作为对自己的一种鼓舞和激励。

初学者通常会遇到的最大困难之一就是丧失勇气。许多人只是浅尝辄止,对盘口解读的涉入深度不足以让他们登堂入室,即使是那些长期使用盘口解读的交易者,也很可能会因为遭受一连串失败而胆战心惊而打退堂鼓,失去了继续深入研究的动力。如果真想掌握好盘口解读这门技艺,必须养成一种良好的交易素养,这种交易素养要求你面对任何损失都不能丧失信心或退缩，并且要消除恐惧、贪婪、焦虑与紧张等自身弱点以及任何会影响你在投机生意中获利的不良情绪。你可能觉得我把盘口解读交易的要求描述得过于苛刻了，但我要说的是真正成功的盘口解读交易者会发现它比我描述得更为复杂。正如我在开篇时所说，盘口解读是一项复杂的工作，一直没有任何理由能够改变我的这一判断。

第十三章　两个交易日内的交易
——盘口解读的实战案例

下面的内容是我本人运用本书中所讲的盘口解读方法进行交易的真实案例(表13-1)。我将这些交易列举出来的目的是证明盘口解读在交易实战中的有效性，并对想要掌握盘口解读技术的读者形成激励。

请注意，如果把一买一卖算作一笔完整交易的话，这里就一共有15笔交易，其中有13笔交易是盈利的，只有一笔交易是亏损的，还有1笔没亏没盈。有7笔交易是做多，8笔交易是做空。我所交易的里德铁路这只股票在操作期间的股价波动区间是从166.75美元到170.375美元，波动幅度为3.625美元。在这两个交易日内有无数次可供获利的波动。

所有的这些交易都使用了止损单进行保护，在大多数交易中止损价位与买入或卖空价位的差距不会超过0.125美元或0.25美元。我并没有把所有的止损单都报到交易所，因为在活跃的交易之中，最好是把止损单铭记于头脑之中，而不必真的下达止损指令，这样的话你就能采取更灵活的操作，在行情发生变化、股价达到特定价位的时候再按当时的市场价格进行操作。

表 13-1

交易单位	股票	交易类型	买入价位	卖出价位	损失	每股利润
200	里德铁路	做多	167.5	168.25		0.75
200	里德铁路	做多	167.25	168.375		1.125
200	里德铁路	做多	167.25	168.75		1.5
200	里德铁路	做多	169.625	169.75		0.125
200	里德铁路	做多	169	169.5		0.5
200	里德铁路	做多	169.125	170		0.875
100	里德铁路	做多	169.625	170		0.375
200	里德铁路	做多	168.125	169.875		1.75
200	里德铁路	做多	168	168		
200	里德铁路	做多	168.25	168.75		0.5
100	里德铁路	做多	168	169.25		1.25
100	里德铁路	做多	168.125	169.25		1.125
200	里德铁路	做多	168.125	168.5		0.375
200	里德铁路	做多	168.25	169		0.75
200	里德铁路	做空	169.25	168.375	0.875	
2700（总计）					0.875	11

佣金	3.375
个人所得税	0.25
交易收益	11
交易亏损	0.875
净利润	6.5

第十四章　适用于长线交易的法则

本书的第一版到此为止就基本结束了，我将在以后的第二版中加入一些新的章节。我将继续仔细审视本书前面章节中所提到的一些交易法则，并且通过1916年的行情进一步验证这些法则的有效性。

我发现没有必要对之前所叙述的规则进行任何修改。随着第一次世界大战在欧洲的爆发，股票交易的性质也发生了一些变化。在特殊的时代背景下，这种变化体现在领涨龙头股的转换变得更为频繁，股价的波动幅度也变得更大。通过其他形式进行交易的时候，也可以验证出这些交易法则的正确性，因为这些法则能够帮你在一些重要的市场点位上发现建仓与出货现象。我曾多次成功地运用这些交易法则预测出市场的主要波动，同时因为其灵活性，我能够有效地追随市场趋势。

对于精通盘口解读的人而言，判断长期市场趋势是上涨还是下跌同判断复杂的短期趋势一样，都是可以通过盘口语言来找到答案的。不管你是在判断接下来半小时的市场趋势还是判断接下来两个星期的市场趋势，你都可以通过市场自身的行为做出判断。判断的依据包括价格、成交量、活跃性、支撑位与压力位等，在实际操作中需要将这些因素综合起来考虑。即便是在大海里的一滴水中，也能够发现类似的元素划分。对股票市场的研究也就是对当前市场价格水平上各种力量对比的研究。每一波走势都必然会经历准备期、执行期和顶峰期，而其中时间最长的就是准备期。如果这段聚集各方力量的准备期时间不够长，整个走势也不会持续太长时间。

从另一方面来说，准备期的时间越长，整个走势持续的时间也就越长。市场中的主要走势的准备时期往往会长达几个月的时间。而在这段准备期之前有时会出现一波下跌走势，大型机构交易者会用这段时间建仓吸筹。他们往往会故意营造出下跌走势，以便于下一阶段的吸筹。

大型机构交易者与散户的最大区别之一就是能够提前半年到一年预见到股票市场在价值方面的重大变化，并且提前为此做出准备。对这种准备阶段进行仔细的研究，能够让那些理解市场构成因素及其配合关系的人揭示出下一波走势的方向和其可能的幅度。这样一来，对市场重要转折点以及市场繁荣与恐慌中的规律的研究就显得尤为重要。小型散户投资者要尽可能从大量买卖证券的大型投资者那里得到消息，因为先见之明是获利的保障。

培养先见之明就意味着主动地研究市场状况。我在纽约金融论坛的一场讲座中曾经展示过各种影响股票市场价格的因素，以及它们对价格所能产生的影响。我一向都鼓励我的学生们不遗余力地去获取各种知识，认真地分析农作物、货币供给、政治、公司盈利状况等方面的基础统计数据，但是市场的行为与表现才是对未来价格最直观的指引，对其进行仔细的研究能够获得最大的盈利效果，在市场的行为与表现面前，上述诸多因素的重要性只能排在第二位。我做出这种论断，是因为我深信大型交易者的态度和行为比那些所谓的基本面因素更加重要。

多年以来，我一直使用本书中所介绍的交易方法预判市场的趋

第十四章　适用于长线交易的法则

势，每笔交易的获利幅度从5个点到20个点不等，成效还是比较显著的。基于这个理由，我建议交易者们将盘口解读作为一种交易系统来仔细研究，它尤其适用于对股票投机有强烈兴趣、并且想在投机中获得卓越成绩的交易者们。